BEI GRIN MACHT SICH
WISSEN BEZAHLT

- Wir veröffentlichen Ihre Hausarbeit,
  Bachelor- und Masterarbeit

- Ihr eigenes eBook und Buch -
  weltweit in allen wichtigen Shops

- Verdienen Sie an jedem Verkauf

Jetzt bei www.GRIN.com hochladen
und kostenlos publizieren

Bibliografische Information der Deutschen Nationalbibliothek:

Die Deutsche Bibliothek verzeichnet diese Publikation in der Deutschen National-
bibliografie; detaillierte bibliografische Daten sind im Internet über http://dnb.d-
nb.de/ abrufbar.

Impressum:

Copyright © 2017 GRIN Verlag, Open Publishing GmbH
Druck und Bindung: Books on Demand GmbH, Norderstedt Germany
ISBN: 9783668536760

Dieses Buch bei GRIN:

http://www.grin.com/de/e-book/376472/deutschunterricht-mithilfe-des-biographi-
schen-spielfilms-wir-kinder-vom

Anja Grunow

Deutschunterricht mithilfe des biographischen Spielfilms "Wir Kinder vom Bahnhof Zoo"

Filmintegrativer Unterricht für das 2. Schulhalbjahr in Klasse 10 an sächsischen Mittelschulen

GRIN Verlag

GRIN - Your knowledge has value

Der GRIN Verlag publiziert seit 1998 wissenschaftliche Arbeiten von Studenten, Hochschullehrern und anderen Akademikern als eBook und gedrucktes Buch. Die Verlagswebsite www.grin.com ist die ideale Plattform zur Veröffentlichung von Hausarbeiten, Abschlussarbeiten, wissenschaftlichen Aufsätzen, Dissertationen und Fachbüchern.

Besuchen Sie uns im Internet:

http://www.grin.com/

http://www.facebook.com/grincom

http://www.twitter.com/grin_com

1. Medienanalyse

Christiane F.- dieser Name steht für eine schockierende Geschichte, welche Ende der 1970er-Jahre in den westdeutschen Medien einerseits einen Skandal auslöst, andererseits in der Öffentlichkeit eine Enttabuisierung der Thematik „Drogenkonsum von Minderjährigen" in Gang setzt. Die Jugendliche Christiane Felscherinow muss im Jahr 1978 in Berlin als Zeugin in einem Gerichtsprozess aussagen (Hermann & Rieck: 1978, p. 2). In dieser Zeit bitten die damaligen Autoren des *Stern*, Kai Hermann und Horst Rieck, die damals 15-Jährige um ein Gespräch und nehmen ihre Schilderungen, u. a. über den Drogenmissbrauch in Christianes Szene und die damit verbundene Prostitution mittels Tonbandprotokollen auf: „Wir verabredeten uns mit ihr zu einem Interview, das Recherchen über die Situation der Jugendlichen vervollständigen sollte. Vorgesehen waren zwei Stunden für das Gespräch. Aus den zwei Stunden wurden zwei Monate" (Hermann & Rieck: 1978, p. 2). Noch im selben Jahr erscheint, sowohl mit Christianes Einverständnis, als auch mit dem ihrer Eltern und Überlebenden der „Fixer-Clique" (Hermann & Rieck: 1978, p. 2), das Buch *Christiane F.- Wir Kinder vom Bahnhof Zoo,*[1] welches in kürzester Zeit ein Bestseller wird und Christiane zu einer Art Ikone einer verlorenen Jugend macht. Zu einem Kassenerfolg wird auch die gleichnamige Verfilmung des Werkes aus dem Jahr 1981, wobei sie mit 3,5 Millionen DM gleichzeitig die teuerste deutsche Produktion war (Sanke: 1994, p. 86). Die Drehzeit betrug 82 Tage und fand größtenteils an Originalschauplätzen in Ost- und Westberlin statt (Vogt & Sanke: 2001, p. 64), bspw. wurde am *Bahnhof Zoo* mit versteckter Kamera gefilmt, da es keine Dreherlaubnis gab. Mohl spricht im Zusammenhang mit dem Film *WKVBZ* bereits einige Jahre nach der Erscheinung von einem „gesellschaftlichen Schlüsselerlebnis" (Mohl: 1991, p. 60). Der Film, der eigentlich als ein Aufklärungs- und Präventionsfilm gedacht war, habe bei dem jungen Publikum, v. a. bei drogengefährdeten und/ oder kriminellen Jugendlichen oftmals den gegenteiligen Effekt erzielt. Die Szenen, welche eigentlich abschrecken sollten, seien von vielen Minderjährigen als cool und einladend empfunden worden (Ebd.). Durch die authentisch wirkende Darstellung des Spritzens haben die Jugendlichen *quasi* die Gebrauchsanleitung für ihren Drogenkonsum bekommen. Hinsichtlich der Rezeptionsgeschichte ist zusammenfassend zu konstatieren, dass *WKVBZ* zwar ein

---

[1] Aus Platzgründen wird der Buchtitel der folgenden Seminararbeit auf *WKVBZ* verkürzt.

gelungener, zum Nachdenken anregender Film hinsichtlich der Drogenproblematik bei Jugendlichen ist, der jedoch, obwohl er aufklärerisch wirkt, seine Absicht als Präventionsfilm verfehlt hat: „Wo das Drehbuch Präventionspädagogik vorgibt, verfolgt die szenische Realisierung eine fragwürdige, weil unglaubwürdige Abschreckungsstrategie, die sowohl in der Drogenprävention als auch in der allgemeinen Erziehung längst als wirkungslos erwiesen ist. Schlimmer noch: unter Umständen kann sie sogar stimulierend wirken" (Koch: 1992, p. 157).

Das übergeordnete Ziel der vorliegenden Seminararbeit ist es, ein didaktisches Begleitmaterial für den Film *WKVBZ* vorzulegen, welches ab dem 2. Halbjahr der 10. Kl. an sächsischen MS einsetzbar ist. Innerhalb der vorliegenden *Medienanalyse* soll zunächst eine kurze Inhaltszusammenfassung[2] des Films gegeben werden. Anschließend wird der Film medienspezifisch hinsichtlich der filmischen- und narrativen Gestaltungsmittel analysiert, um auszuloten, welche Aspekte des Films ein besonderes Potential für die konzipierten Unterrichtsmaterialien bieten.

1.1 Inhaltswiedergabe

„Überall nur Pisse und Kacke".[3] Mit diesen Worten beginnt die Handlung und gleichzeitig Christianes Monolog, in dem sie erklärt, wie schlimm sie das Leben in Berlin findet. Im Alter von sechs Jahren zieht die Protagonistin Christiane mit ihren Eltern und ihrer Schwester Sabine von dem Land in die Großstadt Berlin. Die Wohnung befindet sich im 11. Stock eines Hochhauses und die Wohngegend ist trist, umgeben von Beton und ohne jegliche Entfaltungsmöglichkeiten für die dort lebenden Kinder. Christianes Mutter ist für die Versorgung der Familie verantwortlich, während der Vater seine Frau und die Mädchen häufig schlägt. Als der Vater eines Abends beinahe seine Frau in der Badewanne ertränkt, eskaliert der Konflikt. Daraufhin trennt sich diese und zieht mit ihrem neuen Freund und Christiane in eine eigene Wohnung, während sich ihre andere Tochter dazu entscheidet, mit zu ihrem Vater zu gehen. Zu Klaus, dem neuen Freund der Mutter, hat Christiane auch kein besonders gutes Verhältnis. In der Schule schließt sie jedoch bald Freundschaft mit Kessi, die sie bewundert und nachahmen will. Aufgrund dessen fängt Christiane bald mit dem Rauchen an und besucht mit ihr das *Haus der Mitte*, einem Jugendhaus der evangelischen Kirche.

---

[2] Aus Platzgründen und weil es sich um keine Analyse, sondern um eine reine Inhaltswiedergabe handelt, soll in *Kap. 1.1* darauf verzichtet werden, die Informationen mit Zitaten zu belegen bzw. die Minutenangaben im Film anzugeben.
[3] Christiane F. – Wir Kinder vom Bahnhof Zoo. R.: Ulrich Edel. DE 1981. TC: 00:01:19.

Dort geht es jedoch keineswegs gesittet zu, denn durch den Einfluss der anderen Jugendlichen aus Kessis Clique beginnt Christiane Haschisch zu rauchen, Pillen zu nehmen und Alkohol zu trinken sowie die Schule zu schwänzen. Bald darauf entdecken sie die Diskothek namens *Sound* für sich, wo Christiane und Kessi schnell eine neue Clique aufbauen, zu der auch Detlef, Babsi und Stella gehören. Detlef führt Christiane an Heroin heran. Nachdem beide im April 1976 zu einem Konzert von David Bowie gehen, „snieft" Christiane erstmals Heroin. Dieses Ereignis, welches Christiane in die Abhängigkeit führte, geschah einem Monat vor ihrem 14. Geburtstag. An ihrem 14. Geburtstag setzt sich Christiane auf der Bahnhofstoilette ihren ersten Schuss – ein Fremder ist ihr dabei behilflich. Die zweite Hälfte der Ferien verbringt das Mädchen bei ihrer Großmutter auf dem Land, wo sie eine drogenfreie und unbeschwerte Zeit verbringt. Doch zurück in Berlin nimmt Christiane schnell wieder Heroin und gerät in den „Drogensumpf". Detlef gesteht ihr, dass er mit der Prostitution angefangen hat, um Geld für Heroin zu verdienen. Kurze Zeit später hat Christiane ihr erstes Mal mit Detlef. Sie beschreibt sich in dieser Phase als glücklich und verliebt. Im Dezember 1976 berichtet das Mädchen von ihren ersten Entzugserscheinungen. Als dem Paar klar wird, dass Detlef nicht für beide genügend Geld besorgen kann, steigt Christiane eines Tages in das Auto eines Freiers, welcher gleichzeitig der Stammfreier ihrer Freundinnen ist. Ihm gegenüber stellt Christiane klar, dass sie ihn lediglich mit der Hand befriedigen werde. Das 14-jährige Mädchen hat gleichzeitig jedoch Angst, dass der Fremde sie zum Geschlechtsverkehr zwingen wird. Für ihren „Dienst" gibt der Freier Christiane einhundert Mark und sie beschreibt ihr anschließendes Gefühl als nahezu glücklich, da sie sich „so leicht Geld" verdient habe, ohne dafür - wie sonst- betteln zu müssen. Von diesem Moment an prostituiert sich auch Christiane, nur ohne mit den Freiern *de facto* Geschlechtsverkehr zu haben. Als sie sich eines Tages Zuhause Heroin spritzt und zu dem Zweck in das Bad einsperrt, bestätigen sich die Vorahnungen der Mutter. Sie findet das Drogen-Besteck, stellt Christiane verzweifelt zur Rede und bietet ihrer Tochter gleichzeitig an, ihr bei einem Entzug zu helfen. Christiane willigt ein und auch Detlef macht bei dem „kalten Entzug" in Christianes Wohnung mit. Doch genau wie nach dem Aufenthalt bei ihrer Großmutter bleibt Christiane nicht lange stark und beide werden wieder abhängig. Als sie aus den Nachrichten von dem Tod eines damaligen Kumpels aus der alten Clique hört, ist Christiane weder abgeschreckt vom Heroin, noch berichtet sie von tiefer Trauer. Noch einmal wird das Mädchen zu ihrer Oma geschickt, nachdem sie von der Polizei

3

aufgegriffen wird. Erneut landet Christiane nach ihrer Rückkehr am *Bahnhof Zoo*, wo die drogensüchtigen Minderjährigen abhängen und sich potentielle Freier suchen. Der Tod eines anderen Freundes betrübt sie jedoch so sehr, dass sie sich daraufhin einen Druck setzt. Detlef ist inzwischen zu einem Stammfreier gezogen. Die Beziehung der beiden geht allmählich kaputt. Christianes Mutter weiß sich inzwischen allein nicht mehr zu helfen und nimmt Kontakt mit einem Therapiezentrum, der sog. *Scientology Church*, auf und schickt ihre Tochter zum Entzug dorthin. Oft bricht Christiane dort aus, um sich in ihren Drogenkreisen Heroin zu spritzen, kommt jedoch immer wieder zu der Einrichtung zurück. Hilfesuchend wendet sich Christianes Mutter schließlich an den Vater des Mädchens. Dieser ist optimistisch, die Drogensucht seiner Tochter mit Verboten und Pflichterfüllungen beheben zu können und nimmt sie zu sich. Doch Christiane nutzt seine Gutgläubigkeit und Naivität aus. In der Wohngegend des Vaters findet sie schnell die Dealer der Szene und knüpft Kontakte, um an Heroin zu kommen. Als Christiane von der Verhaftung Detlefs erfährt, wirft sie ihre Entscheidung, mit Freiern keinen Sex zu haben über Bord. Kurze Zeit später stirbt ihre Freundin Babsi an einer Überdosis. Babsi war damit die bis *dato* jüngste Drogentote Deutschlands. Daraufhin will sich Christiane in einer Bahnhofstoilette „den goldenen Schuss" setzen, überlebt ihn jedoch. Da sie weiterhin unter Selbstmordgedanken leidet, entschließt sie sich, die Nervenklinik *Bonnies Ranch* aufzusuchen. Den freiwilligen Schritt bereut sie schnell, da sie zunehmend Angst hat, dort verrückt zu werden. Christiane flüchtet von dort und taucht wieder in der Drogen-Szene unter, bis ihre Mutter sie als vermisst meldet. Detlef ist zu der Zeit bereits wieder aus dem Gefängnis entlassen worden. Die Mutter gibt ihnen jedoch keine Chancen mehr, Zuhause zu entziehen, da sie die Hoffnungen aufgegeben hat. Als letzte Möglichkeit sieht sie, Christiane endgültig zu ihrer Großmutter und Tante zu schicken, um von Detlef und den anderen „Fixern" wegzukommen. Christiane wird daher gezwungen, in ein kleines Dorf bei Hamburg zu ziehen und wird dort auf eine Realschule geschickt, welche sie jedoch bald wegen ihrer Vergangenheit verlassen muss. Obwohl sie sich in der Schule Mühe gibt, schickt sie der Direktor an eine Hauptschule. Der Plot endet halbwegs offen. Man erfährt lediglich, dass Christiane einen guten Hauptschulanschluss sowie den Anschluss an Gleichaltrige findet. Sie schafft es, dem Heroin zu entkommen, nicht zuletzt, weil sie an keines herankommt. Jedoch raucht Christiane bei Ausflügen in die Natur mit ihren Freunden des Öfteren Haschisch, was ihr nach eigener Aussage aber ausreicht.

1.2 Analyse und Interpretation des Mediums

An dieser Stelle des Kap. soll in aller Kürze eine Genrebetrachtung der Gattung *fiktionaler Spielfilm* erfolgen, ehe im Anschluss daran die filmsprachlichen Gestaltungsmittel des Werkes analysiert und interpretiert werden. Abschließend folgt die *Didaktische Reduktion* auf die für die Materialien relevanten Aspekte.

Im Jahr 1975 kam es in der Literaturwissenschaft zu einer Begriffserweiterung des *Textbegriffes*. Seitdem wird überwiegend in der Literatur- und Filmwissenschaft der Film als Literatur anerkannt (Kreuzer: 1975, p. 1ff.). Der Grund dafür ist, dass der Text seit der Begriffserweiterung als „eine verbale, nonverbale, visuelle und auditive Mitteilung, die von einem Sender mittels eines Kodes an einen Empfänger gerichtet ist" (Nöth: 2000, p. 392), bezeichnet wird. Nach dieser Definition Nöths kann der Film uneingeschränkt als Text und *ergo* als Literatur betrachtet werden. Doch genügend Literatur- und Filmwissenschaftler, Künstler etc. setzen Film und Literatur nicht gleich. Das wesentliche Merkmal des Filmes, welches sich von dem literarischem Erzählen unterscheidet, heben Leubner und Saupe treffend hervor: „Der Film bietet eine visuelle Darstellung, gegebenenfalls ergänzt durch Ton/ sprachliche Elemente, sein ‚Material' sind (bewegte) Bilder; die literarische Erzählung beruht auf einer (verbal-) sprachlichen Darstellung, ihr ‚Material' ist die Sprache" (Leubner & Saupe: 2009, p. 179). Leubner und Saupe begreifen zwar den Film als Literatur, jedoch weise er hinsichtlich der Gattung aufgrund seiner „unvermittelten Darstellung" (Ebd., p. 181) eher Ähnlichkeiten mit dem Drama als mit epischen Texten auf. Diese These stützt Kammerer, indem er meint, annähernd zur Inszenierung eines dramatischen Textes sind Filme „Inszenierungen geschriebener Texte" (Kammerer: 2009, p. 17). Als Kompromiss könnte das Medium Film auch als ein „audiovisueller Text" (Gast: 1996, p. 15) bezeichnet werden, deren Sprache eine „Verknüpfung von Bild, Sprache und Ton" (Kammerer: 2009, p. 18) ist. Zusammenfassend lässt sich konstatieren, dass der Film *de facto* keine Literatur im eigentlichen Sinne ist: „Das Raum-Zeit-Kontinuum der ‚bewegten Bilder', die scheinbare Unmittelbarkeit […] der filmischen Narration und Rezeption, schließlich die unterschiedliche ‚sprachliche' und ‚schriftliche' Gestalt der beiden Künste erschweren die direkte Gleichsetzung" (Ebd., p. 27). Fazit bleibt, der Film ist wie Literatur (Ebd.), v. a. weil bestimmte Gestaltungselemente, bspw. die Zeitgestaltung, ähnlich funktionieren. Demnach wird an dieser Stelle im Sinne Kammerers geschlussfolgert, dass die Verfahren literarischer Textanalyse auf Filmtexte übertragbar sind. Daraus folgt die eigene Behauptung, dass auch eine

Lehrkraft, welche überhaupt nicht in der Filmdidaktik ausgebildet, jedoch in der literarischen Analyse geschult ist, mit dem didaktischen Material zu *WKVBZ* im Sinne der „Texterschließungskompetenz" (Ebd., p. 28) umzugehen weiß. Konkretisiert man das Genre bezogen auf den Spielfilm *WKVBZ*, so lässt sich dieser der *Filmbiographie* zuordnen, da nach Ganguly die authentische Darstellung von lebenden Personen u. a. zu dessen Merkmalen zählt (Ganguly: 2011, p. 13).

Die nachfolgende Interpretation fußt auf dem Fragenkatalog nach Leubner und Saupe (2009, p. 253ff.). Die Funktionen der Darstellungsverfahren sind an Ganguly (2011, p. 18f.) angelehnt.

Die Namen von Orten, bspw. von U-Bahnhöfen oder Straßen bleiben im Vgl. zur Buchvorlage weitestgehend unerwähnt. So weiß der Zuschauer auch nicht, dass die Handlung im Stadtteil *Gropiusstadt* spielt. Durch diese Anonymität wird das Szenario exemplarisch gehalten. Lediglich einmal sieht der Zuschauer den Namen der U-Bahn-Station *Kurfürstendamm*.[4] Ferner wird der Charakter der *Gropiusstadt* nicht in dem Maß beleuchtet wie in der Literaturvorlage. Lediglich zehn Einstellungen spiegeln die triste Gegend wider, was etwa dreißig Sekunden Spielzeit einnimmt. Auch werden die Aufnahmen von *Kreuzberg*, wohin Christiane mit ihrer Mutter zieht und das in der Romanvorlage als „miese Gegend" (Hermann & Rieck: 2009, p. 79) bezeichnet wird, weggelassen, ebenso wie die Gewalttätigkeit des Vaters. Die Diskothek *Sound* wird bereits in der zweiten Szene[5] des Filmes gezeigt. *Ergo* umfassen die ersten fünf Einstellungen das, was im Buch ca. 50 Seiten einnimmt. Die Stadt *Berlin* wird überwiegend mittels bewegter Kamera gezeigt. Ferner sind die Orte meist grau und dunkel dargestellt. Auf Beleuchtung wird größtenteils verzichtet, um die triste Wohngegend und die traurige Stimmung der perspektivlosen Jugendlichen widerzuspiegeln. Höchstens werden Straßenlaternen oder Werbetafeln in den Straßen grell beleuchtet. Der Rezipient erfährt die Gedankenwelt der Figuren fast ausnahmslos über deren *Außensicht*. Lediglich zu Beginn[6] und in der letzten Szene des Filmes nimmt man durch das *Voice-Over*, d. h. durch die Stimme aus dem *Off*, Anteil an Christianes Gedanken. Dadurch wird keine besondere Nähe zu den Figuren über deren Gedankenwelt geschaffen. Selten wird die *Außensicht* der Figuren auch repräsentiert, indem der Rezipient „mit den Augen" einer Figur sieht, bspw. wenn

---

[4] Christiane F. – Wir Kinder vom Bahnhof Zoo. 1981. TC: 00:22:30.
[5] Ebd. TC: 00:02:25.
[6] Ebd. TC: 00:01:24.

Christiane durch das *Sound* läuft und Detlef sucht, da sie sich um seine zunehmende Drogensucht sorgt. Durch das Sehen „mit ihren Augen" soll der Rezipient sich besser in die Protagonistin hineinversetzen können, d. h. es schafft Empathie oder Identifikation. Die Handlung des Films (erzählte Zeit) umfasst mindestens 1 ½ Jahre, da Christiane im Monolog der letzten Szene sagt, dass sie seit diesem Zeitraum clean ist. Zu Beginn des Films ist sie fast 14 Jahre alt. Der Zuschauer erfährt allerdings nicht, wie lange es dauert, bis sie endgültig zu ihrer Oma und Tante auf das Land muss. Da die *Erzählzeit* jedoch 2:05 Minuten beträgt, ist *WKVBZ* hinsichtlich seiner *Zeitgestaltung* am Ende stark *gerafft*, d. h. der Zuschauer sieht und hört nichts über den Entzug auf dem Land. Die übrige Handlung ist hingegen *zeitdeckend* erzählt. Dass der Entzug ausgespart wurde, suggeriert, dass es sich hierbei um einen eher unwichtigen Teil der Handlung handelt. Im Sinne der Prävention wäre es jedoch relevant zu zeigen, wie Christiane aus ihrem „Drogensumpf" herauskommt, damit dem Zuschauer hier weniger Interpretationsspielraum geboten wird. Der Film *WKVBZ* beginnt mit einer *Großaufnahme* Christianes.[7] In ihrem Gesicht wird die Stimmung, welche sie durch ihren Monolog über die triste Wohngegend übermittelt, widergespiegelt. Zudem ist der Hintergrund schwarz, was dieses Bild verstärkt. Die Darstellung des Konsums von Heroin ist ebenfalls überwiegend durch *Großaufnahmen* dargestellt. Dadurch sieht der Rezipient authentisch, wie sich die Jugendlichen „einen Schuss setzen", bspw. wird gezeigt, wie das Heroin im Löffel aufgekocht wird. Anschließend binden sie sich den Arm ab, um sich zu spritzen. Besonders oft wird hierbei die Spritze in *Groß- und Detailaufnahmen* gezeigt, ebenso wie die Einstichstellen der Arme[8] oder das Einführen der Nadel.[9] Alle diese Vorgänge sowie die Wirkung von Heroin werden glaubwürdig dargestellt, bspw. sieht der Rezipient in einer Szene Christiane total entspannt und gelöst, in einer anderen zitternd. Die Wirkung der Droge wird ebenso hauptsächlich durch viele *Groß- und Detailaufnahmen* von Gesichtern gezeigt, bspw. als Christiane Axel auf Heroin erlebt. Zunächst wechselt die *Nahaufnahme* zu einer *Großaufnahme*[10] und drei Sekunden später sieht man anhand der *Detailaufnahme* Axels glasige Augen. Ein anderes Beispiel dafür ist der „kalte Entzug", den Christiane und Detlef machen.[11]

---

[7] Christiane F. – Wir Kinder vom Bahnhof Zoo. 1981. TC: 00:01:24., Vgl. *Abb. 1, Kap. 4.4.3.*
[8] Ebd. TC: 02:02:32., Vgl. *Abb. 2, Kap. 4.4.3.*
[9] Ebd. TC: 01:03:02., Vgl. *Abb. 3, Kap. 4.4.3.*, Vgl. auch TC: 00:24:36 und TC: 00:44:30.
[10] Ebd. TC: 00:29:42.
[11] Ebd. TC: 01:28:50.

Der Zuschauer sieht, wie die beiden schweißgebadet und zitternd im Bett liegen und wie sie vor Schmerzen schreien. Durch die *Großaufnahmen* reagiert der Rezipient besonders betroffen. Die emotionale Befindlichkeit der Figuren steht hierbei im Vordergrund. Ein Beispiel dafür ist auch die *Großaufnahme* von Christianes Mutter,[12] nachdem sie ihre Tochter bewusstlos im Bad auffindet. Mittels der *Detailaufnahmen* wird extreme Nähe hergestellt. Hierbei stehen die Details, z. B. die Spritzen symbolisch *pars pro toto*, d. h. für das Ganze. Die Einstellungsgröße *Halbtotale* findet sich oft in den Szenen im *Sound* oder am *Bahnhof Zoo*[13] wieder. Lediglich die bildgewichtigen Figuren werden dann von Kopf bis Fuß gezeigt, um die Interaktionen bzw. die Körpersprache in den Fokus zu setzen. In der Diskothek *Sound* werden überdies auch des Öfteren Bilder in der *Amerikanischen Einstellung* gezeigt, d. h. die Figuren sind von Kopf bis kurz über dem Knie im Bild, bspw. David Bowie wird auf seinem Konzert überwiegend in dieser Einstellung gefilmt.[14] Dadurch wird ein ausgewogener Eindruck von der Gestik vermittelt, hingegen spielt die emotionale Befindlichkeit hierbei keine besondere Rolle. Selten kommen im Film *WKVBZ Panoramaaufnahmen* von Landschaften oder der Stadtarchitektur vor. Zu Beginn und zwischendurch wird die Anonymität von Berlin anhand von Fernaufnahmen gezeigt.[15] Die Schlussszene markiert gleichzeitig die einzige Landschaftsaufnahme[16] des Films. Sie wirkt im Vgl. zu den restlichen, traurigen Bildern des Films nahezu tröstlich und hoffnungsvoll. Die Hoffnung wird, abgesehen von den hellen Farben, durch die Sprache verstärkt, da Christiane monologhaft davon berichtet, dass sie „clean" sei. Die Bilder im Film *WKVBZ* sind fast ausschließlich aus der Perspektive der *Augenhöhe* aufgenommen. Lediglich in zwei Szenen wird auch aus der *Froschperspektive* gedreht. Zum einen als Christiane gekrümmt auf dem Badezimmerboden liegt und zur Tür sieht, an der ihre Mutter klopft, zum anderen mehrmals auf dem Konzert David Bowies.[17] Christianes Mutter wirkt dabei bedrohlich und stark, während Christiane schwach am Boden liegt. David Bowie hingegen wirkt dominant und auch mysteriös, was durch den Nebel untermalt wird. In dem Film *WKVBZ* dominiert eindeutig die *bewegte Kamera*.

---

[12] Christiane F. – Wir Kinder vom Bahnhof Zoo. 1981. TC: 01:27:12.
[13] Bspw. als Christiane am Bahnhof Detlef sucht und von Freiern angemacht wird. Christiane F. – Wir Kinder vom Bahnhof Zoo. 1981. TC: 00:56:30.
[14] Ebd. TC: 00:40:34.
[15] Ebd. TC: 00:56:48, Vgl. *Abb. 4, Kap. 4.4.3.*
[16] Ebd. TC: 02:03:23, Vgl. *Abb. 5, Kap. 4.4.3.*
[17] Ebd. TC: 00:40:34, Vgl. *Abb. 6, Kap. 4.4.3.*

Vor allem in den Szenen am *Bahnhof Zoo*[18] und im *Sound* wird diese verwendet, z. B. als Christiane die Treppen hinunter läuft[19] und der Rezipient „mit ihren Augen sieht" (s. o.). Auch werden vereinzelt sog. *Kameraschwenks* mittels der *bewegten Kamera* getätigt, bspw. als sich Christiane ihren ersten „Druck" setzen will, schwenkt die Kamera von ihrem Arm zu einer *Großaufnahme* des Gesichts,[20] um ihre Ängstlichkeit auszudrücken. Ferner kommen einige *Kamerafahrten* vor, z. B. aus Sicht der S-Bahn[21] oder eines Autos.[22] Der Zuschauer gewinnt somit den Eindruck, als würde er mitfahren, d. h. es schafft Nähe zur Handlung. Analog funktioniert dies, wenn die Kamera durch das *Sound* fährt. Bei Szenen, die mit der *statischen Kamera* gedreht wurden, ist an einer Stelle ein *Zoom* besonders auffällig. Dieser setzt beim o. g. Wechsel von der *Großaufnahme* Axels zur *Detailaufnahme* seiner Augen ein. Dadurch wird eine größere Nähe vermittelt, d. h. der Zuschauer hat das Gefühl, er würde an Christianes Stelle neben Axel sitzen und ihm in die Augen schauen. Hinsichtlich des Darstellungsverfahrens *Mise en Scène* sei aus Platzgründen exemplarisch die Szene genannt, in der David Bowie auf der Bühne steht. Durch die *Licht- und Beleuchtungsverhältnisse*, durch Bowies rote Jacke und die anderen *Kostüme* sowie mittels des Nebels wird eine besondere *Atmosphäre* geschaffen, welche die Aufmerksamkeit des Rezipienten auf den Künstler richtet (Vgl. *Abb. 6, Kap. 4.4.3*). Während der Film insgesamt durch Dunkelheit dominiert wird, transportieren hingegen in der Bowie-Szene die wechselnden Scheinwerferlichter eine ausgelassene, glückliche Stimmung. Mittels der *Low-Key-Beleuchtung* (Ganguly: 2011, p. 23) des Filmes, in der die Schattenführung des Bildes betont werden soll, wird eine Spannung beim Zuschauer aufgebaut und er muss noch genauer „aufpassen". Ferner symbolisiert die Dunkelheit die stete Gefahr, welche durch den Drogenmissbrauch, sowie durch die Prostitution und Kriminalität ausgeht. Der Zuschauer verbindet mit Dunkelheit immer etwas potentiell Gefährliches. Etwas Licht und Farbe kommt höchstens durch die gelbleuchtende S-Bahn, die sich wie eine Schlange durch die Dunkelheit windet oder mittels der grellen Straßenlichter bzw. Werbetafeln zum Einsatz. Zu der *Mise en Scène* gehört überdies, dass Objekte eine symbolische Bedeutung annehmen oder auf einen Sachverhalt hinweisen.

---

[18] Ebd. TC: 00:56:30.
[19] Christiane F. – Wir Kinder vom Bahnhof Zoo. 1981. TC: 00:30:12.
[20] Ebd. TC: 01:03:02, Vgl. *Abb. 7, Kap. 4.4.3.*, Vgl. hierzu Abb. 3, Kap. 4.4.3.
[21] Ebd. TC: 00:03:09, Vgl. *Abb. 8, Kap. 4.4.3.*
[22] Ebd. TC: 00:46:34.

Beispiele dafür sind die Plakate, Schallplatten[23] und Eintrittskarten[24] von David Bowie. Er steht stellvertretend für den Drogenmissbrauch einer jungen Gesellschaft, die nur im „Hier und Jetzt lebt" und die ihre Hoffnung auf Perspektiven durch Musik und ihren Lebensstil ausdrückt. Die Hoffnung auf ein besseres Leben wird auch durch Christianes Geburtstagstorte[25] ausgedrückt, auf der Kerzen leuchten und etwas Freude in die traurige Atmosphäre bringen. Eine bestimmte Atmosphäre wird auch durch den *Ton* geschaffen. Die Bilder im Film *WKVBZ* werden durch die *Sprache* (Monologe, Dialoge) sowie durch die *Geräusche* und *Musik* ergänzt. Die Geräuschkulissen der Drehorte sorgen für eine eigene Atmosphäre, die den Plot authentisch machen. Zwar unterstützen die Geräusche die Atmosphäre, sie haben jedoch wenig mit dem Bildinhalt zu tun und sollten daher nicht überinterpretiert werden. Eine Ausnahme bilden die Geräusche in der Szene, wo Christiane und Detlef minutenlang im Zimmer erbrechen und husten.[26] Hier soll durch den Ton die Befindlichkeit der Beiden unterstrichen werden. Ferner wird das Drogenproblem durch die ständig ertönende Musik des Künstlers Bowies, der selbst von Heroin abhängig war (Miehling: 2006, p. 248), zusätzlich untermalt. Da Christiane ständig von seiner Musik begleitet wird, kann man hier von einem Leitmotiv sprechen (s. o.). Im Film herrscht eine *kontrastive Beziehung von Bild und Ton*, bspw. widerspricht die Musik nicht den Handlungen der Figuren. Zu Beginn und am Ende des Films wird mit dem Stilmittel *Voice-Over* (Ganguly: 2011, p. 30) gearbeitet, um die *Innensicht* Christianes wiederzugeben. Zu Beginn sollen dadurch die Beweggründe für ihr Handeln verdeutlicht werden. Hinsichtlich der *Montage* von Bildern ist zunächst zu konstatieren, dass durch die *Kontinuitätsmontage* (Ebd., p. 37) dem Rezipienten eine zeitliche Kontinuität vermittelt wird, da keine verschiedenen (parallelen) Handlungsstränge stattfinden. Auf das *Schuss-Gegenschuss-Verfahren* (Ebd.) wird im Film verzichtet ebenso wie auf *Rückblenden* (*Flash Backs*), da die Handlung chronologisch erzählt wird. Sowohl *harte* und *weiche* als auch *langsame* und *schnelle Schnitte* kommen im Film vor, wobei die langsamen dominieren. Auffällig sind die oft eingesetzten Blenden, speziell die *Überblendung*. Diese kommt innerhalb der Szenen, als Christiane und Detlef im Zimmer erbrechen, insgesamt dreimal vor. Dadurch wird suggeriert, dass sie über einen langen Zeitraum leiden.

---

[23] Ebd. TC: 00:25:54.
[24] Ebd. TC: 00:33:25.
[25] Christiane F. – Wir Kinder vom Bahnhof Zoo. 1981. TC: 00:53:46.
[26] Ebd. TC: 01:26:50.

Im letzten Passus der Medienanalyse soll auf Basis der Interpretation s. o. die *Didaktische Reduktion* auf die zentralen Aspekte für die Materialien erfolgen. Die näheren Gründe für die Aspektorientierung sollen erst im nachfolgenden *Kap. 2. Didaktische Überlegungen* gegeben werden, um Redundanz zu vermeiden. Aufgrund dessen soll an dieser Stelle vorerst als Begründung genügen, dass die Lehrkraft eine Auswahl treffen müsse, da nie sämtliche Kategorien einbezogen werden können (Leubner & Saupe: 2009, p. 241). Demnach müsse sie gemäß der Klassenstufe Schwerpunkte setzen (Ebd.), jedoch auch hinsichtlich des Leistungsniveaus. Bezugnehmend auf die Genrebetrachtung (s. o.) ist zunächst zu konstatieren, dass nach den Bildungsstandards des *Arbeiterkreises für Filmbildung* die Analyse von Filmgenres aufgrund ihrer besonderen Merkmale ein Bestandteil in Kl. 10 sein sollte (Bergala: 2008, p. 7). Aufgrund der Aspektorientierung kann im Rahmen der vorliegenden Arbeit mittels der Unterrichtsmaterialien nicht näher auf den Spielfilm im Allgemeinen und auf den autobiographischen Film im Besonderen eingegangen werden. Ferner gehören nach Leubner und Saupe die *Einstellungsgrößen* im Film zu jeder Filmanalyse in der Sekundarstufe I dazu: „Für eine Untersuchung der filmsprachlichen Darstellungsverfahren in der Sekundarstufe I soll [...] in jedem Fall die Kategorie der Einstellungsgröße herangezogen werden, eventuell unter Reduktion ihrer Teilkategorien" (Leubner & Saupe: 2009, p. 253). Da für die konzipierten Materialien jedoch andere Schwerpunkte gesetzt wurden, sollen die *Einstellungsgrößen* ausgeklammert werden. Auch die Kategorien *Kamerabewegung* sowie *Kameraperspektive* gehören i. d. R. zu einer Analyse der Darstellungsverfahren dazu (Ebd., p. 253), jedoch wurden auch diese nicht ausgewählt.

Schlussfolgernd ist festzuhalten, dass die *Didaktische Reduktion* auf die folgenden filmsprachlichen Mittel erfolgte: *Bild- und Tonbeziehung*, *Montage* und *Mise en Scène*. Hinsichtlich der *Montage* erfolgt eine Reduktion auf schnelle bzw. langsame Schnitte (Ebd.). Für die Kategorien *Beziehung Bild- Ton* sowie *Mise en Scène* erfolgt keine weitere Reduktion. Ferner müssen die SuS nicht alle Fachtermini der Darstellungsverfahren sowie deren Funktionen wissen, nicht zuletzt weil es bis heute in der Filmwissenschaft noch keinen Konsens darüber gebe (Hochstadt u. a.: 2013, p. 178). Orientiert an Leubner und Saupe müssen die Lernenden jedoch die Begriffe *Einstellungsgröße, Innen- und Außensicht* sowie *Perspektive* kennen. Die Funktionen sind hierbei sekundär, da sie zu den Kategorien keine AB bearbeiten. Bezugnehmend auf die konzipierten Materialien gehören die Begriffe *Montage* etc. Diese sollen die

SuS hingegen inklusive deren Wirkung kennen, s. hierzu Saupe und Leubner: „Die Fragen auf Grundlage der genannten Kategorien sollen jeweils die Frage nach möglichen Funktionen der untersuchten Darstellungsverfahren [...] beziehungsweise nach dem Wirkungspotential dieser Verfahren einschließen" (Ebd.).

2. Didaktische Überlegungen

Über Filme analytisch und systematisch nachzudenken, erfordert von den SuS zunächst, sich in dessen komplexen medialen Zeichengeflecht zurecht zu finden. Damit die SuS fiktionale Spielfilme i. A. besser reflektieren können, wird im Besonderen anhand von *Christiane F.* die Fähigkeit zur Analyse wichtiger filmischer Verfahren bzw. potentiell bedeutungstragender Ebenen geschult. Folglich werden bspw. folgende übergeordnete Fragen gestellt: Welche *Montagetechniken* gibt es und welche Wirkungen erzielen sie? Was geschieht auf der *Bild-Ton-Ebene* und welche Funktion hat dies?

2.1 Begründung zur Wahl des Mediums

Zunächst soll die Wahl des Filmes *WKVBZ* aus filmästhetischer Sicht begründet werden, bevor eine Argumentation aus filmdidaktischer Perspektive erfolgt. Bzgl. der didaktischen Perspektive wird zuerst eine allgemeindidaktische Begründung und anschließend eine spezielle Begründung für die Eignung in der 10. Klassenstufe gegeben.

2.1.1 Begründung aus filmästhetischer Sicht

Filme können aufgrund ihrer „intertextuellen sowie transmedialen Zusammenhänge" (Maiwald: 2014, p. 232) nicht nur aus didaktischer, sondern auch aus ästhetischer Perspektive für die Nutzung im Deutschunterricht geeignet sein. *Transmedialität* bedeutet, dass der Stoff durch verschiedene Medien „wanderte",[27] d. h. *WKVBZ* erschien zum einen als literarisches Werk, zum anderen als Film- und Hörbuchfassung. Durch diese verschiedenen Kanäle könne der ästhetische Genuss des Rezipienten erweitert werden (Ebd., p. 233). Die Kenntnis über die verschiedenen medialen Zugänge zu dem Film könnte für die SuS zudem hilfreich für das Textverständnis sein (Ebd.).

---

[27] Vgl. hierzu auch Meyer u. a.: 2006.

Ästhetik meint in dem Kontext den Erkenntnisgewinn darüber, dass der Film *de facto* Kunst ist. In den *Bildungsstandards* findet die Ästhetik als ein relevanter Aspekt seinen Niederschlag: „Über Erwerb und Erweiterung von Fachwissen, kognitiv-rationalen Betrachtungsweisen und methodischen Kompetenzen hinaus muss es kultureller Filmbildung in der Schule immer auch um die Integration der affektiv-emotionalen sowie der ästhetisch-sensitiven Seite des Filmerlebens und der Kinoerfahrung gehen [...]" (Bergala: 2008, p. 2-3). Indem die SuS die Ästhetik begreifen, steigere sich ihre emotional-affektive Rezeption sowie ihre Urteilsbildung (Ebd., p. 1). Auch Saupe und Leubner sind der Ansicht, dass Filme die emotionale Beteiligung an einer Erzählung fördern (2009, p. 236). Die *Filmästhetik* wird in den *Bildungsstandards* sogar in den *Dimensionen der schulischen Filmbildung* (Ebd., p. 3-4) eingebracht, d. h. als eine Kategorie der Filmanalyse (neben *Filmgattung*, *Filmgestaltung* etc.). Überdies werden in den *Bildungsstandards* explizit Kompetenzerwartungen hinsichtlich der Kategorie *Filmästhetik* formuliert. In der Klassenstufe 10 wird erwartet, dass die SuS die „ästhetischen Wirkungen eines Films beschreiben und begründen" und ihn als „ein bewusst gestaltetes Kunstwerk verstehen" (Ebd., p. 6). Ferner ist eine Zielsetzung, dass die Lernenden in der Beschreibung und Bewertung von Besonderheiten bei der ästhetischen Gestaltung geschult werden (Ebd.). Die SuS sollen also einerseits den Film *WKVBZ* als Kunst wahrnehmen und einordnen, andererseits durch die Analyse der ästhetischen Gestaltung das Medium Film *per se* als eine „Kunstform und Kulturgut" (Ebd., p. 2) begreifen. Abschließend für dieses Kap. soll die Bedeutung der *Filmästhetik* treffend mit Gasts Worten zusammengefasst werden: „Ohne emotionale und sinnliche Sensibilisierung keine Lernbereitschaft, ohne rationalanalytische Lernprozesse keine Konkretisierung und Sicherung der Erkenntnisse" (Gast: 1996, p. 15).

2.1.2 Begründung aus didaktischer Sicht

Nachdem die Kompetenzerwartungen hinsichtlich der Filmästhetik im vorigen Kap. beleuchtet wurden,[28] sollen an dieser Stelle weitere Kompetenzerwartungen sowie allgemeine *Lernziele* begründet werden.

---

[28] Streng genommen müssten diese im *Kap. 2.1.2* angesiedelt werden, allerdings erfolgte dies bereits im Kap. zur Thematik *Filmästhetik*, um eine Gelenkstelle zu der Didaktik schaffen zu können und um zu veranschaulichen, dass die filmästhetische- und die didaktische Perspektive zusammenhängen.

Jene Ziele lassen sich zum einen, wie bereits erwähnt, aus den Bildungsstandards des *Arbeitskreises für Filmbildung* ableiten. Auf curricularer Ebene sind dem Lehrplan für die MS i. A. *didaktische Grundsätze* und im Besonderen konkrete *Lernziele* für die 10. Kl. zu entnehmen. Ferner soll die Eignung anhand des *Curriculums zur filmischen Darstellungsanalyse* nach Leubner und Saupe sowie anhand der Kompetenzerwartungen der *LMK* begründet werden.

Maiwald u. a. ist der Ansicht, filmische Texte hätten Bücher und Schriften als „kulturelle Leitmedien" (Maiwald: 2014, p. 222) abgelöst. Daraus resultiere zum einen eine quantitative, zum anderen eine qualitative Bedeutungsdimension. Aus quantitativer Sicht würden in der Freizeit mehr Spielfilme, Serien, Videoclips usw. konsumiert als Bücher gelesen (Ebd.). Qualitativ hingegen bedeute dies, dass die Vorstellungen von Fiktion und Narration heute eher an audiovisuellen Texten ausgebildet würden (Ebd.). Die Vermittlung einer Narrationskompetenz sei nach Leubner und Saupe das übergeordnete Ziel im medienintegrativen Deutschunterricht (Leubner & Saupe 2009, p. 235). Folgt man den Ansatz Wermkes, so müssen im Literaturunterricht sowohl Bücher als auch Filme gleichrangig zum Einsatz kommen (Wermke: 1997). Bezugnehmend darauf konstatieren Leubner & Saupe, dass Bücher dennoch vorrangig im Literaturunterricht eingesetzt werden sollten. Abraham und Kepser (2005) sind der Ansicht, dass nicht weniger als „eine Filmeinheit" in jedem Schuljahr fester Bestandteil des Curriculums sein müsse. Nach Maiwald sei der Einsatz von Filmen in erster Linie ein Bildungsauftrag für sämtliche Schulen: „Vor allem aber ist der Erwerb einer *visual literacy* in einer von Bildern dominierten Alltagskultur eine Bildungsaufgabe" (Maiwald: 2005, p. 330). Dahingehend ist zu konstatieren, dass im öffentlichen Diskurs der Bildungsdidaktik zum Teil und u. a. von Erlinger die Ansicht vertreten werde, eine umfassende literarische Bildung ließe sich ohnehin nur im Einklang mit einer umfassenden „Medien-Kultur-Kompetenz" (Erlinger: 2004, p. 35) erreichen. Die SuS sollen mittels des didaktischen Materials ihre „Filmlesefähigkeit" (Maiwald: 2014, p. 231) schulen. Im Wesentlichen ist damit, begreift man Filme als Literatur (s. o.), die Fähigkeit zur Analyse und Interpretation, d. h. „die Texterschließungskompetenz" (Leubner & Saupe: 2009, p. 236) gemeint. Die Filmlesefähigkeit setzt jedoch a priori die Fähigkeit voraus, filmisches Material als solches dekodieren zu können (Ebd., p. 232), d. h. zum einen „visuelle und auditive Darstellungscodes und ihr Zusammenspiel als bedeutungsgenerierend wahrzunehmen (z. B. Musik und Geräusche, Lichtregie, Einstellungsgröße, Schnitt);

sie betrifft aber auch medienübergreifende narrative Kategorien (z. B. Figuren, Haupt- und Nebenhandlung, Symbole, Rückblenden, Konflikt, Auflösung)" (Ebd.). *Ergo* sollen die SuS befähigt werden, einzelne Codes zu entschlüsseln, um eine bestimmte Stimmung bzw. Situation der Handlung zu beschreiben. Das Verständnis über die filmsprachliche Gestaltung soll ihnen helfen, die Bedeutung und Wirkung einer Szene besser zu verstehen. Ein weiteres allgemeindidaktisches Ziel, welches mithilfe des Einsatzes von Filmen im Deutschunterricht umgesetzt werden soll, ist es, die „kulturelle Handlungsfähigkeit" (Ebd., p. 233) der SuS zu schulen. Dies meint neben der *Filmlesefähigkeit* bspw. auch „zu wissen, wie Fernsehen und Kino als kulturelle und kommerzielle Institutionen funktionieren" (Ebd.) oder zu lernen, wie man Medienangebote gezielt auf die persönlichen Interessen abstimmt (Ebd.). Die Haltung einer „kritische[n] Distanznahme" (Ebd., p. 234) gehört ferner zum didaktischen Zielbereich hinsichtlich der kulturellen Handlungsfähigkeit.[29]

In den *didaktischen Grundsätzen* des Lehrplanes für die sächsischen MS findet auch der medienintegrative Deutschunterricht seinen Niederschlag, d. h. bei den Hinweisen zur Strukturierung des Unterrichts. Bezogen auf diesen Ansatz soll demnach das Material dem Grundsatz gerecht werden, dass ein „fantasie- und freudvoller Umgang mit Zeitschriften, Buch, Theater und Film zur Ausprägung stabiler und effektiver Rezeptionsgewohnheiten sowie zur Leseförderung" (Sächsisches Staatsministerium für Kultus: 2004, p. 4) beiträgt. Hierbei wird mittels der Formulierung „fantasie- und freudvoller Umgang" (Ebd.) gleichzeitig auch der Aspekt des ästhetischen Genusses von Filmen (Vgl. *Kap. 2.1.1)* tangiert, welcher *ergo* explizit als eine Voraussetzung für die Schulung der Lesekompetenz genannt wird. Ferner soll das Material dem didaktischen Grundsatz gerecht werden, dass es eine „kritische Auseinandersetzung mit Gestaltungsmitteln […] zur verantwortungsvollen Nutzung von Medien" (Ebd.) fördert.[30]

---

[29] Aufgrund der Aspektorientierung innerhalb der Seminararbeit ist es nicht möglich, diese Aspekte einzubeziehen. Nichtsdestotrotz sollten sie im Rahmen einer medialen Unterrichtseinheit zur Filmanalyse unbedingt integriert werden. Die kritische Distanzierung wäre bei dem Film *WKVBZ* aufgrund der Themen „Drogenmissbrauch" und „Prostitution" von besonderer Relevanz. Die Aspektorientierung umfasst ausgewählte filmische Gestaltungsmittel (d. h. *Bild- und Tonbeziehung, Montage, Mise en Scène)*. Hierbei wurde sich an Leubner und Saupe gehalten, die zu einer Aspektorientierung raten, während sie die „Texterschließungskompetenz" (Leubner & Saupe: 2009, p. 237) für den wichtigsten Schwerpunkt halten.
[30] Eine kritische Auseinandersetzung mit den Produktionsbedingungen des Filmes *WKVBZ* sollte selbstverständlich in der Schulpraxis eine Anwendung finden, jedoch erfolgt dies im Rahmen des konzipierten Materials aufgrund der Aspektorientierung nicht (Vgl. Fußnote 4).

Das konzipierte Unterrichtsmaterial hat ferner den Anspruch, die folgenden *allgemeinen fachlichen Ziele des Deutschunterrichts* zu fördern: „Entwickeln des Leseverstehens, Entwickeln der mündlichen Sprachfähigkeit, Entwickeln der schriftlichen Sprachfähigkeit, Entwickeln der Reflexionsfähigkeit über Sprache (Sächsisches Staatsministerium für Kultus: 2004, p. 2). Diesen Zielen sind Teilziele untergeordnet. Im Folgenden werden in aller Kürze jene skizziert, welche durch die Materialien gefördert werden sollen. Dabei sollen die allgemeinen fachlichen Ziele auf den medialen Deutschunterricht „umgemünzt" werden. Im Bereich des Leseverstehens ist die Zielsetzung, dass sich die SuS am Ende von Kl. 10 Strategien und Arbeitstechniken angeeignet haben, „die sie befähigen, Texte und Medien kritisch zu beurteilen" (Ebd., p. 49). Bezieht man dies auf den medienintegrativen Deutschunterricht, so könnte die o. g. Zielsetzung meinen, dass die SuS eine „Filmlesefähigkeit" entwickeln sollen, um bspw. hinsichtlich der „kulturellen Handlungsfähigkeit" eine „kritische Distanznahme" auszubilden (Maiwald: 2014, p. 231f.). Demnach würde dies dem o. g. Ansatz nach Maiwald entsprechen. Ferner ist im Bereich des Leseverstehens das Teilziel angesiedelt, dass die SuS wichtige Fachbegriffe „in ihren Wirkungszusammenhängen" (Sächsisches Staatsministerium für Kultus: 2004, p. 49) erkennen. Das Ziel kann als erfüllt gelten, wenn sie folgende Begriffe des Unterrichtsmaterials mit den dazugehörigen Bedeutungen kennen: *Bild- und Tonbeziehung, Montge* und *Mise en Scène.* Hinsichtlich des Bereiches der mündlichen Sprachfähigkeit können ebenso einige Teilziele gefördert werden. Indem die SuS ihre gelösten Aufgaben vor der Klasse präsentieren, sollen sie dafür Sorge tragen, dass die mündliche Kommunikation „von Aufmerksamkeit und Respekt geprägt ist" (Ebd., p. 49). In dem Zusammenhang trägt dies dazu bei, Gespräche „zielorientiert zu führen" (Ebd.) und die SuS sollen zunehmend in der Lage sein, ihre Gespräche mit der Kl. und der Lehrperson zu reflektieren (Ebd.). Dabei sollen am Ende von Kl. 10 bewusst rhetorische Mittel eingesetzt werden können (Ebd.), was z. B. mittels der Aufgabe 1b) zur *Bild- und Tonbeziehung* (Vgl. *Kap. 4.2 Schülermaterialien*) geschult werden kann. Die SuS müssen sich in die Rolle der Figuren hineinversetzen und einen selbst gestalteten Dialog vortragen. Dabei wird u. a. Wert auf ein angemessenes Sprechtempo, Sprechpausen sowie auf Betonung gelegt. Indem sie die Aufgaben der Materialien im Plenum präsentieren, trainieren sie ferner die „Prüfungssprache" (Ebd.), um bei den Prüfungen zum *Mittleren Schulabschluss* ihre Aufgaben und Lösungen ebenfalls adäquat vorstellen zu können.

Auch innerhalb des vierten Komplexes der allgemeinen fachlichen Ziele werden mittels des didaktischen Materials im Idealfall gewisse Teilziele geschult, so bspw. das Folgende: „Die Schülerinnen und Schüler kennen Wirkungen sprachlicher Mittel und verwenden diese gezielt - auch bei Versuchen, eigene künstlerische Texte gestaltend zu schreiben" (Ebd.). Auch dieses Ziel kann mit der Aufgabe 1b) (Vgl. *Kap. 4.2 Schülermaterialien*) idealerweise erfüllt werden, wenn die SuS einen Dialog zu einer Szene entwickeln. Das letzte allgemeine fachliche Ziel im Lehrplan, die *Reflexionsfähigkeit über Sprache*, birgt auch eine Teilleistung, welche im medialen Deutschunterricht weiter geschult werden kann, d. h. die SuS sollen „verschiedene sprachliche Varietäten wie Hochsprache, Dialekt, oder Fachsprachen" (Ebd.) kennen. Ferner sollen sie diese Stilebenen „situationsgerecht" (Ebd.) anwenden. Auch an dieser Stelle kann erneut auf die Aufgabe 1b) (Vgl. *Kap. 4.2 Schülermaterialien*) Bezug genommen werden. Da die Figuren im Film *WKVBZ* überwiegend im Berliner Dialekt sprechen, sollen die SuS im Idealfall Rücksicht darauf nehmen und ggf. die Figuren in ihrer konzipierten Szene dialektal sprechen lassen.

Während Maiwald lediglich allgemeindidaktische Ziele formuliert und die ebenfalls allgemein gehaltenen Ziele des Lehrplanes (Vgl. *Didaktische Grundsätze* s. o.) zunächst noch nicht auf bestimmte Klassenstufen Bezug nehmen, werden innerhalb der Klassenstufe 10 und deren Lernbereichen bestimmte Ziele konkretisiert, die mit dem Material umgesetzt werden könnten. Der folgende Passus hat demnach die Zielsetzung, eine mögliche Verortung der konzipierten Unterrichtsmaterialien in Kl. 10 zu begründen.[31] Zunächst ist zu konstatieren, dass der Film *WKVBZ* ohnehin frühestens in der 10. Kl. rezipiert werden darf, da die Altersfreigabe (FSK) bei 16 Jahren liegt (Vgl. hierzu *Kap. 2.3*). Um eine Einhaltung dessen zu gewährleisten, soll die Unterrichtseinheit im 2. Schulhalbjahr verortet werden. Die *Filmlesefähigkeit* kann anhand des Films *WKVBZ* innerhalb des Lernbereichs *Wahlpflicht 1: Filme „lesen"* (Sächsisches Staatsministerium für Kultus: 2004, p. 50) geschult werden (Vgl. *Kap. 4.1 Auszüge aus dem Lehrplan, Abbildung 1*), wobei nur acht Ustd. dafür veranschlagt sind, d. h. innerhalb der ersten beiden Ustd. soll der Film *WKVBZ* im Sinne der Filmästhetik im Ganzen rezipiert und die ersten Eindrücke im Vgl. zur Romanvorlage besprochen werden.

---

[31] Dass die Materialien für die Schulform MS konzipiert wurden, liegt an der universitären Ausrichtung der Autorin auf das Mittelschullehramt, d. h. es soll nicht bedeuten, dass die Materialien im gymnasialen Lehrplan nicht zu verorten sind.

Die übrigen sechs Ustd. sollen dafür genutzt werden, die Themen bzw. Aufgaben der drei AB (Vgl. *Kap. 4.2 Schülermaterialien*) zu bearbeiten. Das übergeordnete Ziel dieses Lernbereiches ist „das Beurteilen der Umsetzung einer Romanvorlage im Film" (Sächsisches Staatsministerium für Kultus: 2004, p. 51). Die SuS sollen aus diesem Grund im ersten Halbjahr der Kl. 10 bereits das Werk *WKVBZ* im Unterricht rezipiert sowie die Handlung und Figurenkonstellationen analysiert und internalisiert haben. Die Verortung dessen könnte im *Lernbereich 3: Der Mensch in seiner Zeit* (Ebd., p. 50) erfolgen (Vgl. *Kap. 4.1 Auszüge aus dem Lehrplan, Abbildung 2*), da bei den Wahlmöglichkeiten auch die „Literatur im geteilten Deutschland" (Ebd.) zur Auswahl steht. Für die Rezeption des Gesamtwerkes ist mit 20 Ustd. (Ebd.) genügend Zeit veranschlagt, um sich mit der Handlung, den Figuren und mit den Hintergründen des Werkes vertraut zu machen. Das Teilziel des *Lernbereichs 3*, „Gestalten einer Präsentation zum Schaffen eines deutschsprachigen Autors des 20. Jahrhunderts" (Ebd.), könnte stattdessen durch ein Referat über die Protagonistin des Werkes, Christiane Felscherinow, ersetzt werden, da als Autor des Werkes *WKVBZ* kein namhafter Schriftsteller des 20. Jahrhundert genannt werden kann, sondern die *STERN-* Autoren Hermann und Rieck (Vgl. *Kap. 1. Medienanalyse*), wie bereits erwähnt, Tonbandprotokolle verschriftlichten. Aufgrund dessen eignen sich Hermann und Rieck nicht als Gegenstand einer Präsentation. Stattdessen könnten m. E. weitere Themen wie „Drogenprobleme von Minderjährigen im geteilten Deutschland im Vgl. zu heute", „Die Darstellung der Großstadt im Roman" etc. in Referate münden. Ferner sollten die SuS im 1. Halbjahr in jenem Lernbereich einen eigenen Text bzgl. der Romanvorlage *WKVBZ* gestalten, d. h. „auf der Basis des gestaltenden Erschließens" (Sächsisches Staatsministerium für Kultus: 2004, p. 51). Verwiesen wird hierbei im Lehrplan beispielhaft auf Tagebucheinträge, Monologe sowie Briefe. (Ebd.). Die Verschriftlichung eines Monologs oder Dialogs in Halbjahr 1 könnte anschließend im 2. Schulhalbjahr bei der Erschließung der Sprache im Bereich der *Bild- und Tonbeziehung* hilfreich sein, da in dem Zusammenhang auch die Wirkung der Sprache (Dialoge und Monologe) auf den Film analysiert wird. Zusammenfassend können im Idealfall folgende Teilziele des *Wahlbereichs 1: „Filme lesen"* (Ebd.) innerhalb der medialen Einheit erfüllt werden:

- Rezeption von Buch und Film
- Gemeinsamkeiten und Unterschiede analysieren
- Filminhalt vorhersagen.

Aufgrund der Rezeption des Romans als Grundlage für die mediale Unterrichtseinheit sollte es den SuS gelingen, das dritte Teilziel zu erfüllen, d. h. den „Filminhalt vorhersagen" (Ebd.). Dieses Ziel könnte bspw. innerhalb der ersten beiden Ustd. des Wahlbereichs 1 gelingen, indem während der Filmrezeption kurze „Cuts" gemacht werden und die Handlung durch die Kl. vorhergesagt wird. Das vierte Teilziel des Wahlbereichs umfasst die „Verfilmung einer Sequenz" (Ebd.). Der Komplex der Filmproduktion soll innerhalb dieser Seminararbeit, wie bereits erwähnt, ausgeklammert werden (Vgl. *Fußnote 5*). Aufgrund der zeitlichen Begrenzung für die mediale Unterrichtseinheit auf lediglich acht Ustd. soll der Fokus nicht auf den Gemeinsamkeiten und Unterschiede zwischen Romanvorlage und Film (Vgl. Teilziele) liegen, sondern auf die filmtechnischen- und sprachlichen Mittel, welche im Lehrplan lediglich als Verweis bei „Gemeinsamkeiten und Unterschiede" und nicht als ein Teilziel *per se* angegeben sind. Die SuS sollen jedoch eher in der Analyse von Filmen geschult werden, d. h. der Vgl. von Roman und Film, was i. d. R. in der Schulpraxis häufig über die Inhaltsebene erfolgt, wird im Rahmen der konzipierten Materialien für zweitrangig erachtet. Zusammenfassend soll an dieser Stelle hinsichtlich der Verortung im Lehrplan konstatiert werden, dass die Unterrichtsmaterialien dazu beitragen, die filmtechnischen- und sprachlichen Mittel des Films *WKVBZ* in Kl. 10 (an sächsischen MS) aspektorientiert analysieren zu können. Aufgrund dessen und aufgrund der *didaktischen Grundsätze* s. o. können die Materialien als lehrplanorientiert angesehen werden.

Ferner eignen sich die Arbeitsmaterialien für die 10. Klassenstufe, da sich deren Inhalte an den vom *Arbeiterkreis für Filmbildung* erstellten *Bildungsstandards* orientieren. Auf Grundlage dessen soll im Folgenden die Eignung der Materialien exemplarisch begründet werden. Zunächst sei als Vorbemerkung vorangestellt, dass i. A. die *Bildungsstandards* für das Fach Deutsch dem Film „keine besondere Aufmerksamkeit schenken" (Leubner & Saupe: 2009, p. 235). Dies hat zur Folge, dass es in den Lehrbüchern ebenfalls an Medioninhalten mangele (Ebd.). Trotz dessen oder möglicherweise aufgrund dessen existieren *Bildungsstandards* für den kompetenzorientierten Unterricht mit Filmen, welche im Jahr 2008 von dem *Arbeiterkreis für Filmbildung* entworfen wurden. Die konzipierten Unterrichtsmaterialien zu dem Film *WKVBZ* orientieren sich an diesen Standards hinsichtlich der zu erwartenden Kompetenzen für die 10. Klassenstufe.

Dies soll exemplarisch anhand des ersten AB begründet werden.[32] Durch die Bearbeitung des Materials zur *Beziehung von Bild und Ton* (Vgl. *Kap. 4.2 Schülermaterialien*) sollen die SuS zunächst darin geschult werden, „die Funktion von Geräuschen, Musik und Sprache" (Bergala: 2008, p. 9) erläutern zu können. Diese Kompetenz wird anhand der Aufgaben *3a* sowie *3b* des *AFB III* gefördert. Die Beziehungen des Tons zu den Bildern sollen ferner beschrieben werden können (Ebd.). Dies schulen die SuS sowohl in dem *AFB II* bei Aufgabe *2b* als auch bei der der Bewältigung des *AFB III* (Aufgaben *2a* und *2b*). Die „Bedeutung der Tonebenen für die Rezeption" soll von den SuS erschlossen werden (Bergala: 2008, p. 9). Diese Kompetenz wird ebenso innerhalb des *AFB III* abverlangt. Das weitere AB zu den Gestaltungsmitteln *Montage* und *Mise-en-Scène* in *WKVBZ* orientiert sich ebenfalls an den *Bildungsstandards*.

Nachdem die Eignung bereits anhand der bildungstheoretischen Grundlagen und der *Bildungsstandards* sowie mittels des Lehrplanes begründet wurde, soll abschließend für dieses Kap. die Eignung anhand des *Curriculums zur filmischen Darstellungsanalyse* nach Leubner und Saupe (2009, p. 243) und anhand des Kompetenzmodells der *LKM* begründet werden.

Leubner und Saupe haben, ähnlich wie der *Arbeiterkreis für Filmbildung*, relevante Kompetenzen zusammengefasst, wobei sie diese für Kl. 7/8 sowie Kl. 9/10 differenzieren.[33] Die konzipierten Unterrichtsmaterialien für den Spielfilm *WKVBZ* vereinen nahezu alle Kompetenzen, welche nach Leubner und Saupe für die Kl. 9/ 10 formuliert wurden, d. h. sie sind auf Grundlage des Curriculums ausgewählt worden. Zum einen auf Grund der Tatsache, dass die *Bildungsstandards* des *Arbeiterkreises* eine immense Fülle an Gestaltungsmitteln bzw. Kompetenzen zur Auswahl stellen, sodass die Auswahl an geeigneten Themen schwer fiel, zum anderen werden die Kompetenzen für Kl. 10 bei Saupe und Leubner bereits übersichtlich nach *filmsprachlichen* und *narrationsspezifischen Verfahren* (Ebd.) differenziert. Demnach wird mit den Materialien bereits der *filmsprachliche* Bereich abgedeckt (Ebd.).

Die nach Leubner und Saupe ausgewählten Schwerpunkte für die SuS-Materialien lassen sich wiederum anhand der Kompetenzerwartungen der *LKM* begründen.

---

[32] Um im vorgegeben Rahmen zu bleiben, kann die konkrete Begründung für das andere AB an dieser Stelle nicht erfolgen, jedoch bei den Bildungsstandards nachvollzogen werden. Im *Kap. 2.2 Lernziele* werden die *Bildungsstandards* jedoch nochmals aufgegriffen.

[33] Der *Arbeiterkreis für Filmbildung* stellt die Kompetenzen für Kl. 10 denen von Kl. 12 gegenüber.

Im Jahr 2015 wurde von der *LMK* ein *Kompetenzorientiertes Konzept für die schulische Medienbildung* unter der folgenden Fragestellung veröffentlicht: „Welche (anwendungsbereiten) Kenntnisse, Fähigkeiten und Fertigkeiten müssen Schülerinnen und Schüler am Ende des Schuljahres 10 bzw. mit dem mittleren Bildungsabschluss erworben haben, um medienkompetent zu handeln?" (LKM: 2015, p. 2). Dieses Modell eignet sich daher ideal, um die Eignung der Schwerpunkte zu begründen. Wie bereits in der *Didaktischen Reduktion* (Vgl. *Kap. 1 Medienanalyse*) erwähnt, wird die Genrebetrachtung aufgrund der Aspektorientierung innerhalb der konzipierten Ustd. ausgeklammert. Bezugnehmend auf das Modell der *LMK* sei die Weglassung des Genres abschließend damit begründet, dass die Analyse dessen in einen anderen Komplex gehört als in den von *Montage* etc. (LMK: 2015, p. 12). Trotz dessen gehören sie zusammen in den großen Kompetenzbereich „Medien analysieren und bewerten" (Ebd.). Mittels der konzipierten AB sollen die SuS im Sinne des Kompetenzmodells „wesentliche Gestaltungsmittel eines Medienangebots [hier: des Filmes *WKVBZ*] erkennen und zentrale Aussagen zusammenfassend wiedergeben" (Ebd.), d. h. die Funktionen erläutern. Hierbei wird der Verweis auf die „grundlegende[n] Elemente der Filmsprache" (Ebd.) gegeben, wozu die Kategorien *Montage* etc. gehören.

2.2 Zielformulierung

Aus Platzgründen und um die Handreichung übersichtlicher zu machen, sollen die *Lernziele* im Folgenden tabellarisch aufgeführt werden.

AB: Bild- und Tonbeziehung

Lernziele/ Erwartete Kompetenzen *Die SuS....*	AFB	Teilaufgaben
... **nennen** die Begriffe Bild- und Tonbeziehung, filmsprachliches Verfahren, Sprache, Geräusche, Musik, Atmosphäre	I	alle
...**beschreiben/ geben/ fassen** die Handlung der	I	1a), 1b)

Szene sowie die Handlung kurz vor und nach der gezeigten Szene **(wieder) (zusammen)** **...begründen** durch nachvollziehbare Argumente, welche Gruppe die Szene am treffendsten in die Gesamthandlung geordnet hat	II	2a)
...untersuchen aspektgeleitet, welche Arten von Ton in der Szene vorkommen **und ordnen** den Arten Bsp. **zu**	II	2b)
...beurteilen unter Verwendung von Fachwissen, ob die Töne in der Szene aus dem „On" oder „Off" sind und	III	3a)
....kommen zu einer begründeten Einschätzung **...bewerten** unter Verwendung von Fachwissen, ob die Töne eine komplementäre oder kontrastive Beziehung zu den Bildern haben	III	3b)
...analysieren aus den Ausführungen abgeleitet die Bild-Ton-Beziehung in Form eines zusammenhängenden Textes	I-III	3b)

Methodische Ziele und Kompetenzen: angemessener Ausdruck, Gliederung der Aussagen, Verwendung der Fachsprache, Erstellung Sequenzprotokoll, kreatives, szenisches Schreiben

AB: Montage und Mise-en-Scène

Lernziele/ Erwartete Kompetenzen *Die SuS....*	AFB	Teilaufgaben
...nennen die Begriffe Inszenierung, Objekte, Figuren, räumliche Beziehungen, Licht- und Beleuchtung, Atmosphäre,	I	alle

22

harte/ weiche Schnitte, schnelle/ langsame Schnitte …**beschreiben/ geben/ fassen** die zentralen Begriffe anhand der Mind-Map **(wieder) (zusammen)**	I	1b)
…**untersuchen** aspektgeleitet und unter Verwendung von Fachwissen die Beziehung zwischen den dargestellten Objekten/ Figuren und den Beleuchtungs- und Lichtverhältnissen hinsichtlich der Wirkung	II	2a)
…**untersuchen** unter Verwendung von Fachwissen die Montagetechniken der Szene hinsichtlich der Wirkung	II	2b)
…**beurteilen** unter Verwendung von Fachwissen, ob die Szene gut oder schlecht inszeniert sowie montiert ist	III	3a)
…**entwerfen** ein Standbild zu einer Szene, in dem sie die Inszenierungstechniken anwenden	III	3b)
…**analysieren** das Standbild hinsichtlich seiner Inszenierung und Wirkung	III	3b)

Methodische Ziele und Kompetenzen: angemessener Ausdruck, Gliederung der Aussagen, Verwendung der Fachsprache, Entwurf eines Standbildes, Kreatives Schreiben

2.3 Kurzvorstellung des konzipierten Materials

Das folgende Kap. umfasst eine Einführung für die Nutzer/innen des didaktischen Materials. Ziel dieses Passus ist es, einige Hinweise zum unterrichtlichen Einsatz der AB zu geben, wobei zunächst allgemeine Hinweise bzw. Bemerkungen zu Besonderheiten vorangestellt sind. Daraufhin folgen Hinweise zu den fehlenden zeitlichen Begrenzungen der einzelnen Teilaufgaben und mögliche Differenzierungspotentiale. Anschließend wird dargelegt, welche relevanten Vorkenntnisse die SuS erworben haben müssen, bevor abschließend kurz auf Anschlussmöglichkeiten für die Materialien eingegangen wird.

Die rechtlichen Grundlagen des Filmeinsatzes müssen zwingend beachtet werden. Wie bereits erwähnt, müssen die Lehrenden zunächst darauf achten, dass der Film *WKVBZ* erst ab 16 Jahren freigegeben ist und dass die FSK verbindlich ist (Abraham: 2009, p. 74). Demnach kann der Film frühestens im zweiten Halbjahr der 10. Kl. eingesetzt werden, sofern alle SuS dieses Alter erreicht haben. Einzelne SuS, welche möglicherweise dieses Alter in Kl. 10 noch nicht erreicht haben, müssen die schriftliche Erlaubnis ihrer Erziehungsberechtigten einholen. Sollte ein Schüler den Film nicht schauen dürfen, muss ein anderer Film gewählt werden. Weiterhin sollte die Frage nach der öffentlichen oder nicht-öffentlichen Vorführung geregelt sein. Unter Juristen sei strittig, ob es sich bei der Filmvorführung im Unterricht um eine öffentliche Nutzung handelt (Ebd., p. 75), allerdings sei die vorherrschende Meinung bei Schul-Urheberrechtlern, dass es sich um keine handele (Medienkindheit.de: 2010). Ein Film dürfe in der Kl. gezeigt werden, solange er pädagogischen Zwecken, d. h. nicht der Unterhaltung, diene und die SuS kein Entgelt zahlen müssten (Abraham: 2009, p. 74). In dem Fall handele es sich *per definitionem* um eine nicht-öffentliche Nutzung und benötige daher keine Lizenz (Ebd.). Da der Film *WKVBZ de facto* pädagogischen Zwecken, nämlich der Schulung der „Filmlesefähigkeit" dient, sollte es in diesem Punkt keine rechtlichen Bedenken geben. Im Rahmen der Hausarbeit musste auf das Portal *YouTube*[34] zurückgegriffen werden, da der Film in den aufgesuchten Verleihstellen vergriffen bzw. nicht vorhanden war und eine private Anschaffung aus Kostengründen nicht möglich war.

---

[34] Wir Kinder vom Bahnhof Zoo, URN: https://www.youtube.com/watch?v=WdiED1SL0m0 (Anmerkung: Aufgrund der Tatsache, dass diese Filmversion einen englischen Untertitel besitzt, ist in der Unterrichtspraxis dringend von der YouTube-Version abzuraten. Die SuS würden durch den Subtitel von der Filmanalyse abgelenkt werden. Bei YouTube ließ sich jedoch keine andere Version in voller Spielfilmlänge finden).

Videos auf *YouTube* dürfen in der Kl. vorgeführt werden, da es sich um eine nicht-öffentliche Vorführung handele (Rhein-Sieg-Kreis Medienzentrum: 2015). Die Vorführung innerhalb von Differenzierungskursen (nicht in der MS) wäre diffiziler, da hierbei der Aspekt der „persönlichen Beziehung" (Ebd.) zwischen Lehrkraft und SuS bedeutend sei. Innerhalb des Kurssystems könne nicht mehr von einer persönlichen Beziehung ausgegangen werden. Jedoch ist festzuhalten, dass diese Aspekte Interpretationsspielräume bieten, da es noch kein höchstrichterliches Urteil gäbe (Ebd.). Filme, die hingegen aus Leihstellen verwendet werden, dürfen gezeigt werden, sofern es sich um eine nicht gewerbliche Vorführung handele (Medienkindheit.de: 2010). Im Idealfall sollte der Film jedoch für den Einsatz im Unterricht erworben werden. Sollte der Film *WVBZ* privat erworben sein, könne er gezeigt werden, sofern die Vorführung nicht klassenübergreifend ist, da es in dem Fall als nicht-öffentlich angesehen werde (Ebd.). Sollte es sich bei der Filmausgabe hingegen um eine selbst erstellte Kopie handeln, könne man sich bei juristischen Problemen ebenso auf den Aspekt der nicht-öffentlichen Vorführung berufen (Abraham: 2009, p. 75). In jedem Fall sei ein Kauf über ein *medienpädagogisches Zentrum* sicherer, da die Lehrkraft somit das „Recht zur nichtgewerblichen öffentlichen Vorführung *via* Lizenz erwerbe (Ebd.).

Die *Lernziele* (Vgl. *Kap. 2.2*) und die *Erwartungsbilder* (Vgl. *Kap. 3*) dienen als Orientierung, haben jedoch keinen Anspruch auf Vollständigkeit. In dem Zusammenhang sollte berücksichtigt werden, dass für den Film *WKVBZ* aktuell noch keine Unterrichtsmaterialien existieren.[35] Aufgrund dessen ist eine Vergleichbarkeit des Erwartungshorizonts ausgeschlossen und die Lehrpersonen sollten die Erwartungsbilder umso kritischer betrachten und ggf. korrigieren oder ergänzen. Die Erwartungsbilder werden t. w. durch Lösungshilfen für leistungsschwächere SuS ergänzt.

Auf den AB fehlen bewusst die Zeitangaben für die Bearbeitung der Aufgaben bzw. Teilaufgaben, da es variieren kann, ob die AB in einer Block- oder Einzelstunde zum Einsatz kommen. Ferner müssen die Zeitangaben je nach den Leistungsniveaus der SuS angepasst werden. Da dies auch in der 10. Kl. einer MS stark variieren kann, soll in dem Rahmen auf zeitliche Begrenzungen verzichtet werden.

---

[35] Zumindest wurden bei der Recherche weder in der Literatur der Bibliothek noch im World Wide Web Materialien zu dem Film oder der Buchvorlage gefunden.

Dem gegenüber wurde darauf wertgelegt, dass die Aufgaben unterschiedlichen *Anforderungbereichen* entsprechen und dass sie hinsichtlich der *Sozialformen* variieren. Letztere sollen als Vorschläge begriffen werden und sind austauschbar. Jedes AB besteht aus dem *AFB I* bis *III*. Die Aufgaben sind mit dem jeweiligen *AFB* gekennzeichnet, wobei sie auf einem deutlich niedrigeren Niveau konzipiert sind, als dies für das Gymnasium erfolgt wäre.

Auf Differenzierungspotentiale sei, um im vorgegeben Rahmen zu bleiben, nur in aller Kürze eingegangen. Je nach Leistungsniveaus der Zehntklässler können bspw. Lösungshilfen zu den einzelnen Teilaufgaben hinzugefügt oder weggelassen werden. Die Lösungshinweise sind aus Übersichtsgründen im sich anschließenden *Kap. 3. Erwartungsbilder zu den Schülermaterialien* verortet. Ferner können jene SuS, welche eher mit den Aufgaben fertig sind als ihre Mitschüler, z. B. ausgewählte Aufgaben des Fragekatalogs von Leubner und Saupe (2009, p. 253-255) gereicht werden (je nach Schwerpunkte der Lehrkraft), um somit weitere filmische Darstellungsverfahren analysieren zu können und um damit ihre „Filmlesefähigkeit" (Vgl. *Kap. 2.1.2 Begründung aus didaktischer Sicht*) zu schulen.[36]

Zu den Vorkenntnissen gehört zunächst, dass die SuS in Schulhalbjahr 1 die Romanvorlage gelesen haben müssen, um mit der Handlung und mit den Figuren vertraut zu sein. Des Weiteren wird für die Bearbeitung der Materialien vorausgesetzt, dass die SuS zumindest die Fachbegriffe *Montage* und *Mise-en-Scène* kennen und dass die Lernenden jeweils mindestens eine Funktion wissen. Geht man von der vorgeschlagenen Lehrplanverortung aus (Vgl. *Kap. 2.1.2*), haben die SuS innerhalb der ersten beiden Ustd. der Einheit zunächst den Film rezipiert und anschließend eine Einführung in die *filmsprachlichen* und *narrativen Mittel* sowie deren Funktionen erhalten.

Als Anschlussmöglichkeit nach der Filmrezeption würde sich der Kurzfilm *Kamera, Cut & Klappe*[37] anbieten, in welchem anschaulich Filmbegriffe erklärt und filmische Mittel erläutert werden. Diesen könnte die Lehrkraft aspektorientiert hinsichtlich der AB zeigen und ggf. einige Übungen zur Festigung mündlich oder schriftlich anschließen.

---

[36] Vgl. hierzu die Anschlussmöglichkeiten am Ende dieses Kap.
[37] Vgl. Planet Schule (2017), URN: https://www.planet-schule.de/sf/php/sendungen.php?sendung=8545.

Ferner bietet sich als Anschlussmöglichkeit für die Ustd., in denen die AB bearbeitet werden, an, die übrigen Darstellungsverfahren, welche im Rahmen der *Didaktischen Reduktion* (Vgl. *Kap. 1.2*) ausgeklammert wurden, in Bezug auf den Film *WKVBZ* zu untersuchen. Leistungsstarke SuS könnten bspw. die narrativen Darstellungsverfahren *Erzählerkommentar* und *Vorausdeutung* kennenlernen, denn diese Kategorien sind gewissermaßen keine Schwerpunkte für die Sek. I (Leubner & Saupe: 2009, p. 241). Angedacht ist dies nicht nur als Differenzierungspotential, sondern ebenso als eine Art „Puffer", sofern in den jeweiligen Ustd. mehr Zeit als geplant übrig sein sollte. Da für die Unterrichtseinheit, wie bereits erwähnt, lediglich acht Ustd. zur Verfügung stehen, können die übrigen Darstellungsmittel in keinem größeren Rahmen beleuchtet werden. Letztlich können die Materialien jedoch t. w. oder vollständig durch andere, von der Lehrkraft individuell konzipierte Schülermaterialien ersetzt werden, sollte die Lehrkraft die Schwerpunkte anders gewichten. Hierzu sei nochmals auf Leubner und Saupe verwiesen: „Die Nutzung weiterer Kategorien [...] soll angestrebt werden, doch kann die Auswahl je nach Lerngruppe und zu bearbeitenden Werken individuell erfolgen (2009, p. 253).[38] Durch Power-Point-Folien o. Ä. können Fachbegriffe, die den SuS während der Aufgabenbearbeitung immer noch unklar erscheinen, als eine weitere Anschlussmöglichkeit erläutert werden. Anderseits könnten die SuS auch *a priori* ein Katalog mit den wichtigsten Termini erstellen, auf den sie bei Unklarheiten zurückgreifen können.

3. Erwartungsbilder zu den Schülermaterialien

Zunächst sei vorangestellt, dass die Aufgaben (wie auch die Wahl der filmsprachlichen Mittel) an Saupe und Leubner (2009, p. 254-255) angelehnt sind. Die Autoren haben zu den relevanten Gestaltungsmitteln einen Fragenkatalog erstellt, von dem die Aufgaben zu der *Beziehung von Bild und Ton*, *Montage* sowie *Mise-en-Scène* ganz oder t. w. entnommen wurden, da sie v. a. den Aspekt der Wirkung berücksichtigen. Im Folgenden sollen die Erwartungsbilder zu den drei AB vorgestellt werden.

---

[38] Um den vorgegeben Rahmen der Arbeit nicht noch mehr zu strapazieren, kann an dieser Stelle nicht näher auf weitere Anschlussmöglichkeiten eingegangen werden.

3.1 Erwartungsbild zu der Beziehung von Bild und Ton

Aus Platzgründen und um das Erwartungsbild für die Lehrenden übersichtlich zu halten, wird es im Folgenden stichpunktartig dargestellt.[39]

- Begriffliche Einordnung: Die *Beziehung von Bild und Ton* wird den *filmsprachlichen Darstellungsverfahren* zugeordnet.
- Aufgabe 1.):[40] Die SuS betrachten zunächst eine Szene ohne Ton.[41] Im Anschluss protokollieren sie ihre Ideen zum Inhalt der Sprache in der bislang nur gesehenen und nicht gehörten Szene. Hierbei wird erwartet, dass die SuS erkennen, dass es sich um die Figuren Christiane und Detlef handelt. Sie sollen schlussfolgern, dass sich die beiden streiten. Die SuS-Notizen sollen beinhalten, dass Christiane Drogen nimmt, dass beide immer wieder erbrechen, zittern und geschwächt sind. Sie trinken mit letzter Kraft etwas und Christiane reißt die Tapete ab.
- Aufgabe 1a): Anhand der Notizen wird ein möglicher Dialog verschriftlicht, der die Bilder der Szene sprachlich unterstreicht. Dabei ist es nicht wichtig, dass die SuS darauf achten, wie oft Christiane und Detlef jeweils sprechen. Es soll lediglich dem Ziel dienen, den Inhalt der Szene zu erfassen.[42]
- Aufgabe 1b): Der Dialog wird szenisch vorgetragen. Die SuS sollen vermuten, was davor geschah und was noch passieren wird. Als Impuls können Satzanfänge gegeben werden, bspw.: „Davor geschah folgendes... Danach folgt... Kurz zuvor passierte..."

- Aufgabe 2a): Die SuS sollen anhand von Argumenten begründen, welche Gruppe den Inhalt am treffendsten erfasst und in die Gesamthandlung eingeordnet hat.
- Inhalt und Einordnung: Christiane ist zu dem Zeitpunkt selbst bereits vollkommen drogenabhängig und spritzt sich. Die Szene zeigt, wie beide einen „kalten Entzug" versuchen, doch Christiane fleht Detlef an, dass sie Drogen nehmen darf, die sie in der Schublade hat. Die Entzugserscheinungen wirken sich körperlich aus. Die beiden liegen gekrümmt und schweißgebadet im Bett. Sie sind blass und zittern, husten und Christiane reißt sogar die Tapete ab.

---

[39] Um den vorgegebenen Rahmen der Arbeit nicht überzustrapazieren, erfolgt für das erste AB eine ausführliche Darstellung des Erwartungsbildes, wohingegen das zweite in Kurzform vorgestellt wird.
[40] Damit die Ergebnisse nicht zu disparat und breit ausfallen, sollte die Lehrkraft grobe Hinweise zum Inhalt geben. Zusätzlich kann ein Hinweis gegeben werden, dass die SuS anhand der Bildunterschrift mit der Zeitangabe schon einen groben Hinweis erhalten.
[41] Christiane F. – Wir Kinder vom Bahnhof Zoo. 1981. TC: 01:28:55-1:34:30.
[42] Methodisch ist hierbei darauf zu achten, dass die SuS sich an die Methode „Schreibgespräch" halten und stumm kommunizieren. Ggf. kann die Methode reflektiert werden.

Schließlich werden sie wieder rückfällig und „sniefen". Christiane fängt an, auf dem Bett zu brechen, was Detlef kalt lässt. Er möchte nur nicht beim „Sniefen" gestört werden. Vor der gezeigten Szene wurde Christiane von ihrer Mutter im Badezimmer gefunden, nachdem sie bewusstlos war. Daraufhin zwingt sie ihre Tochter zum Entzug. Kurz nach der zu untersuchenden Szene stirbt ihre enge Freundin Babsi an einer Überdosis, woraufhin sich Christiane umbringen will.

-Aufgabe 2b):

Sprache	Geräusche	Musik
Dialog zwischen Christiane und Detlef, sie reden geschwächt, flüstern teilweise oder schreien	– zittern, husten – Laute des Schmerzes – Trinkgeräusche – Christiane klopft auf ihr taubes Bein – Geräusche des Erbrechens – „Rascheln" von den Drogen – Abreißen der Tapete	Keine

Anmerkung: Sollten die (leistungsschwächeren) SuS nicht wissen, wie sie ein (einfaches) Sequenzprotokoll/ eine Tabelle zu der Aufgabe anfertigen können, kann die Lehrkraft als Lösungshilfe folgende Beispiele gegeben werden:

Sprache	Geräusche	Musik
Dialog: zwischen Babsi und Stella vor dem „Sound"	S-Bahn	Keine
Dialog: zwischen Babsi und Stella in der Bahnhofstoilette	Heroinbesteck fällt herunter	klassische, dramatische Musik

- Aufgabe 3a): Der Ton kommt ausschließlich aus dem „On". Die Handlung ist bspw. nicht mit einem Monolog Christianes überdeckt (wie zu Beginn und am Ende des Filmes). Funktion: Die Innensicht, d. h. die Gedanken und Gefühle der Beiden steht nicht im Vordergrund, ebenso wenig wie die Beweggründe ihres Handelns.

- Aufgabe 3b): - Wirkung der Sprache: Die Lautstärke des Sprechens beeinflusst hierbei die Bilder. Schaut man den Film stumm, so ist es schwieriger zu erkennen, wie heftig sich die beiden in der Szene streiten. Auch flüstern sie zu Beginn als sich Christiane erkundigt, wie es Detlef geht und ihn tätschelt.

Durch das Flüstern wird an dieser Stelle suggeriert, dass sie sich um ihren Freund sorgt. Ferner hört man Schmerzenslaute. Auch das Zittern ist hörbar dargestellt. Dadurch wird das Leiden von Christiane und Detlef zum Ausdruck gebracht.

- Wirkung des Verzichts auf Musik: Im Vgl. zu vielen anderen Stellen des Films wird hier auf den Einsatz von Musik verzichtet. Dadurch fokussiert sich der Rezipient mehr auf das Gesagte und Gezeigte. Es braucht keine Musik, um die Befindlichkeiten der Figuren zu unterstreichen, denn durch die Mimik, Gestik sowie durch das Gesagte wird die physische und psychische Verfassung der Beiden deutlich genug dargestellt.

- Wirkung der Geräusche: Die in der Tabelle zusammengefassten Geräusche tragen zur Atmosphäre bei, haben jedoch keine besondere Bedeutung für den Bildinhalt. Die Geräusche, welche Christiane und Detlef mit ihren Körpern produzieren, untermalen jedoch die schlechte Verfassung des Paares. Bspw. erbricht Christiane minutenlang und man hört, wie Detlef zittert. Zusammenfassend sollen die SuS schlussfolgern, dass Geräusche zwar die Atmosphäre unterstützen, jedoch nicht überinterpretiert werden sollten. Ferner sollen die SuS beurteilen, dass der Ton dem Bildinhalt nicht widerspricht, d. h. die Beziehung ist kontrastiv. (Dieses Fachwort müssen die SuS nicht kennen.)

3.2 Erwartungsbild zu Montage und Mise-en-Scène

- Begriffliche Einordnung: Die Beziehung von *Montage* und *Mise-en-Scène* wird den *filmsprachlichen Darstellungsverfahren* zugeordnet.

- 1a): wichtige Begriffe *Mise-en-Scène*: Inszenierung, Objekte, Figuren, räumliche Beziehungen, Licht- und Beleuchtung, Atmosphäre
- wichtige Begriffe *Montage*: harte/ weiche Schnitte, schnelle/ langsame Schnitte

- 2a) besondere Atmosphäre in der Szene[43] durch:

> ➢ Auswahl von Objekten/ Figuren: David Bowie ist überwiegend in *Großaufnahmen,* in der *Amerikanischen Einstellung* und aus der *Froschperspektive* dargestellt → Erzeugung von Nähe (durch Einstellung), Darstellung als mystisch, stark und dominierend in der Szene (durch Perspektive); Bowie ist in auffallend roter Jacke und blauem Hemd gekleidet, das Publikum und die Band hingegen

---

[43] Christiane F. – Wir Kinder vom Bahnhof Zoo. 1981. TC: 00:36:33-00:40:30.

überwiegend in dunklen Farben gehalten → Kostüm zusammen mit hellblonden Haar erzeugen Wärme, Hoffnung, Freude im Gegensatz zu der *Low-Key-Beleuchtung* des übrigen Films

➤ Räumliche Anordnung von Objekten und Figuren: David Bowie ist räumlich hinter dem Publikum angeordnet → der Fokus ist auf ihn gerichtet und er dominierend das Bild (durch die Einstellungsgrößen s. o.), die Band ist im Hintergrund von Bowie angeordnet → nimmt der Zuschauer kaum wahr, vor allem durch die...

➤ ... Licht- und Beleuchtungsverhältnisse: David Bowie wird am stärksten beleuchtet und auch sein Hintergrund ist hell → erzeugt Wärme, Freude, Energie; schwenkt die Kamera durch das Publikum, ist dies meist dunkel gehalten und die „tanzenden" Lichtstrahlen lenken die Aufmerksamkeit auf sich; Nebel und Licht dominieren → lenken die Aufmerksamkeit auf David Bowie, alles andere soll ausgeblendet werden

- 2b) Schnitttechniken: Schnitte sind semischnell; harte Schnitte, d. h. die aufeinanderfolgenden Einstellungen ändern sich häufig hinsichtlich der Einstellungsgröße (von *Amerikanisch* zu *Großaufnahme* etc., des Bildinhaltes (von Publikum zu Bühne etc.)

- 3a) Die SuS können hierbei ihre subjektive Meinung zu den Schnitten und zu der Inszenierung der Szene geben, wichtig ist jedoch, dass sie mit Fachbegriffen argumentieren und ihre Argumente begründen und Beispiele einfließen lassen (Schema: These – Begründung – Beispiel) → Methodenziel: *kreatives Schreiben*

- 3b) Die SuS können sich frei eine Szene aus dem Film wählen, um Inszenierungsstrategien darzustellen und diese von ihren Mitschülern analysieren zu lassen

Möglichkeiten des Einsatzes:

➤ Aufgabe als Differenzierungspotential für leistungsstärkere SuS, die mit der Bewältigung der übrigen Aufgaben bereits eher fertig sind als andere SuS

➤ Aufgabe als „Puffer", wenn am Ende der Ustd. noch Zeit übrig

➤ Aufgabe als Wiederholung, um gelerntes Fachwissen und Analysestrategien auf anderes Bsp. transferieren zu können

➤ Als Hausaufgabe (bietet sich an, da Requisiten gebastelt werden können)

4. Anhang

4.1 Auszüge aus dem Lehrplan

Deutsch

Wahlpflicht 1: Filme „lesen"	8 Ustd.
Beurteilen der Umsetzung einer Romanvorlage im Film	
- Rezeption von Buch und Film	
- Gemeinsamkeiten und Unterschiede analysieren	filmtechnische und sprachliche Mittel
- Filminhalt vorhersagen	Vorspann, Szene als Ausgangspunkt, Motive, Figuren, Stimmungen
- Verfilmung einer Sequenz	Jugendbuch, kürzere epische Texte
	⇒ Medienkompetenz

Abb. 1 (Sächsisches Staatsministerium für Kultus: 2004, p. 51).

Lernbereich 3: Der Mensch in seiner Zeit	20 Ustd.
Gestalten einer Präsentation zum Schaffen eines deutschsprachigen Autors des 20.Jahrhunderts	→ Kl. 9, LB 1: Strategien der Texterschließung Sekundärliteratur verwenden
Wahlmöglichkeit aus Exilliteratur, Trümmerliteratur, Literatur im geteilten Deutschland nach 1968, Literatur Österreichs, der Schweiz	Roman, Anthologie, Dokumentarliteratur Projekt Differenzierung: Einführung in die Grundlagen der Rhetorik
	→ GE, Kl. 10, LB 3
Gestalten eines Textes auf der Basis des gestaltenden Erschließens	innerer Monolog, Tagebucheintrag, Brief

Abb. 2 (Sächsisches Staatsministerium für Kultus: 2004, p. 50).

4.2 Schülermaterialien

Die Beziehung von Bild und Ton

Begriffliche Einordnung: *Die Beziehung von Bild und Ton* gehört in den Bereich der narrativen/ filmsprachlichen Darstellungsverfahren (Unterstreiche den richtigen Begriff).

Bild aus urheberrechtlichen Gründen entfernt

Standbild (Christiane F. – Wir Kinder vom Bahnhof Zoo. R.: Ulrich Edel. DE 1981. TC: 01:33:08).

I. AFB:

1. Betrachte die folgende Szene <u>ohne Ton</u> und überlege dir, was die Personen zueinander sagen könnten. Betrachte die Szene anschließend ein weiteres Mal und fertige in Einzelarbeit Notizen über die Handlung an.

a) Entwirf in Partnerarbeit mit deinem Banknachbarn einen möglichen Dialog der Szene, jedoch ohne miteinander zu sprechen. (Methode: *Schreibgespräch*)

b) Präsentiere den Dialog zusammen mit deinem Partner vor der Klasse und ordnet anschließend die Szene in die Gesamthandlung ein.

II. AFB:

2. Betrachte die gleiche Szene im Original (<u>mit Ton</u>).

a) Begründe im Unterrichtsgespräch, welche der Gruppen die Szene am treffendsten in die Gesamthandlung eingeordnet hat.

b) Fertige in Einzelarbeit ein Filmprotokoll an und untersuche damit die folgende Frage: Werden die Bilder im Film nur durch Sprache (Dialoge, Monologe) oder auch durch Geräusche und/ oder durch Musik ergänzt? Ordne den Tonarten Bsp. zu.

III. AFB:

3.
a) Beurteile in Partnerarbeit anhand eines Beispiels aus der Tabelle, ob der Ton von innerhalb oder außerhalb des Bildes stammt (aus dem „On" oder „Off") und welche Funktion dies hat.

b) Analysiere schriftlich mithilfe deiner angefertigten Tabelle die Wirkung der einzelnen Tonarten auf die Bilder. Beurteile anschließend, an welchen Stellen die Bilder durch den Ton ergänzt/ verstärkt werden und an welchen Stellen der Ton möglicherweise den Bildern widerspricht.

Montage und Mise en Scène

Begriffliche Einordnung: *Mise en Scène und Montage* gehören in den Bereich der narrativen/ filmsprachlichen Darstellungsverfahren (Unterstreiche den richtigen Begriff).

Bild aus urheberrechtlichen Gründen entfernt

Standbild (Christiane F. – Wir Kinder vom Bahnhof Zoo. R.: Ulrich Edel. DE 1981. TC: 00:36:59 bis TC: 00:40:34).

I.   AFB:

1. a) <u>Linker Sitznachbar</u>: Entwirf eine Mind- Map zu den wichtigsten Begriffen im Zusammenhang mit der *Mise en Scène* (Inszenierung).
<u>Rechter Sitznachbar</u>: Entwirf eine Mind- Map zu den wichtigsten Begriffen im Zusammenhang mit der *Montage*.

b) Erklärt eurem Sitznachbarn die Mind-Map. Stellt euch gegenseitig Fragen, korrigiert oder ergänzt euch.

II. AFB:

2. Betrachte die Szene.

a) Untersuche, ob durch die Auswahl von Objekten oder Figuren, durch ihre räumlichen Beziehungen oder durch ihre Licht- und Beleuchtungsverhältnisse eine besondere Atmosphäre besteht. Notiere dazu auf deiner Mind-Map Beispiele aus der Szene.

b) Analysiert in Partnerarbeit die Schnitttechniken in der Szene und deren Wirkung auf euch als Zuschauer.

III. AFB:

3.

a) Stell dir vor, du bist ein berühmter Regisseur. Schreibe eine Rezension der Filmszene, in der du beurteilst, ob du sie gut oder schlecht inszeniert findest. Begründe deine Argumente.

b) Zusatz: Inszeniere als Regisseur mit deinen Mitschülern als Figuren und mit Requisiten des Klassenzimmers ein Standbild zu einer selbst gewählten Szene des Bildes. Interviewe den Rest der Klasse (die Zuschauer) zu der Wirkung von den Objekten/ Figuren und der räumlichen Beziehung zwischen ihnen.

4.3 Literaturverzeichnis

- Abraham, U. (2009), *Filme im Deutschunterricht*, in: Baurmann, J./ Kammler, C. (Hrsg.), *Praxis Deutsch*, Seelze-Veber: Kallmeyer.

- Abraham, U./ Kepser, M. (2005), *Literaturdidaktik Deutsch. Eine Einführung*, Berlin: Erich Schmidt Verlag.

- Erlinger, H. D. (2004), *Kanonfragen für die Medienerziehung im Deutschunterricht*, in: Erlinger & Lecke (Hrsg.), *Kanonbildung bei audiovisuellen Medien im Deutschunterricht?*, München: Kopäd.

- Ganguly, M. (2011), *Filmanalyse. Themenheft. 8.- 13. Klasse*, Leipzig: Ernst Klett Verlag.

- Gast, W. (1996), *Filmanalyse*, in: Baurmann, J./ Kammler, C. (Hrsg.), *Praxis Deutsch*, Seelze-Veber: Kallmeyer.

- Goer, C./ Köller, K. (2014), *Fachdidaktik Deutsch. Grundzüge der Sprach- und Literaturdidaktik*, Paderborn: Wilhelm Fink GmbH & Co Verlags-KG.

- Hochstadt, C./ Krafft, A./ Olsen, R. (2013), *Deutschdidaktik. Konzeptionen für die Praxis*, Tübingen: A. Francke Verlag.

- Kammerer, I. (2009), *Film - Genre - Werkstatt. Textsortensystematisch fundierte Filmdidaktik im Fach Deutsch*, Baltmannsweiler: Schneider Verlag Hohengehren.

- Koch, F. (1992), *„Christiane F. – Wir Kinder vom Bahnhof Zoo" ein Film für die Drogenerziehung?*, in: Bastian, Johannes (Hrsg.), *Drogenprävention und Schule. Grundlagen, Erfahrungsberichte, Unterrichtsbeispiele*, Hamburg: Carlsen Verlag.

- Kreuzer, H. (1975), *Veränderungen des Literaturbegriffs. Fünf Beiträge zu aktuellen Problemen der Literaturwissenschaft*, Göttingen: Vandenhoeck & Ruprecht.

- Lecke, B. (2003), *Medienpädagogik, Literaturdidaktik und Deutschunterricht,* in: Kämper-van den Boogart (Hrsg.), *Deutschdidaktik. Leitfaden für die Sekundarstufe I und II,* Berlin: Cornelsen Scriptor.

- Leubner, M./ Saupe, A. (2009): *Erzählungen in Literatur und Medien und ihre Didaktik*, Baltmannsweiler: Schneider Verlag Hohengehren.

- Maiwald, K. (2005), *Wahrnehmung - Sprache - Beobachtung. Eine Deutschdidaktik bilddominierter Medienangebote*. München: Kopäd.

- Maiwald, K. (2013), *Filmdidaktik und Filmästhetik: Lesen und Verstehen audiovisueller Texte*, in: Frederking, V. et al. (Hrsg.), *Taschenbuch des Deutschunterrichts. Literatur- und Mediendidaktik.* Band 2, Baltmannsweiler: Schneider Verlag Hohengehren.

- Meyer, U./ Simanowski, R./ Zeller, C. (2006), *Transmedialität. Zur Ästhetik paraliterarischer Verfahren*, Göttingen: Wallstein.

- Miehling, K. (2006), *Gewaltmusik Musikgewalt. Populäre Musik und die Folgen*, Würzburg: Königshauen & Neumann GmbH.

- Mohl, H. (1991), *Situation und Möglichkeiten*, in: Bundeskriminalamt (Hrsg.), *Vorbeugung des Missbrauchs illegaler Drogen: Symposium,* Wiesbaden.

- Nöth, W. (2000), *Handbuch der Semiotik*, Stuttgart- Weimar: Metzler

- Rieck, H./ Hermann, K. (2009), *Christiane F. Wir Kinder vom Bahnhof Zoo*, Hamburg: Carlsen Verlag.

- Vogt, G./ Sanke, P. (2001), *Die Stadt im Kino. Deutsche Spielfilme 1900- 2000*, Marburg: Schüren Verlag.

- Wermke, J. (1997), *Integrierte Medienerziehung im Fachunterricht. Schwerpunkt: Deutsch*, München: Kopäd.

4.4 Quellenverzeichnis

4.4.1 Textquellen

- Bergala, A. (2008), *Bildungsstandards Film*, in: Graetz, S./ Völcker, B./ Allenstein, B. u. a. [Hrsg.], *Arbeitskreis für Filmbildung.* Entwurfspapier.[44]

- Länderkonferenz MedienBildung (2015), *Kompetenzorientiertes Konzept für die schulische Medienbildung. LKM-Positionspapier*, URN: http://laenderkonferenz-medienbildung.de/files/Dateien_lkm/Dokumente/LKM-Positionspapier_2015.pdf [letzter Zugriff: 10.09.2016, 16:35 Uhr].

- Medienkindheit.de (2010), *Orientierungshilfe: Urheberrecht in der Schule- was ist erlaubt?*, URN: http://www.medienkindheit.de/medienpaedagogisches/kurzeinfuehrung-urheberrecht-in-der-schule-was-ist-erlaubt/ [letzter Zugriff: 29.12.2016, 19:54].

---

[44] Die URN wurde bei der Recherche nicht gefunden. Seitens der Dozentin wurde jedoch die Einbeziehung der Standards erwünscht, daher wurde es auch ohne Quellenlink aufgenommen. Bei weitergehendem Interesse, s. Seminar-Materialien von Frau Maria Kasparek. Eine nahezu identische Version der Bildungsstandards stellt jedoch die Länderkonferenz MedienBildung bereit, s. Bibliographie.

- Rhein-Sieg-Kreis Medienzentrum (2015), *YouTube-Videos in der Schule- was ist erlaubt und was nicht?*, URN: http://www.rsk-medienzentrum.de/youtube-videos-der-schule-ist-erlaubt-und-nicht/ [letzter Zugriff: 29.01.2017, 13:54 Uhr].

- Sächsisches Staatsministerium für Kultus (2004), *Lehrplan Mittelschule. Deutsch*, Dresden: Sächsisches Staatsministerium für Kultus. URN: http://www.schule.sachsen.de/lpdb/web/downloads/lp_ms_deutsch_2009.pdf?v2 [letzter Zugriff: 23.10.2016, 13:36 Uhr].

- Sanke, P. (1994), *Der bundesdeutsche Kinofilm der 80er Jahre. Unter besonderer Berücksichtigung seines thematischen, topographischen und chronikalischen Realitätsverhältnisses*, Diss. Univ. Marburg, URN: http://archiv.ub.uni-marburg.de/diss/z1995/0493/pdf/dps.pdf [letzter Zugriff: 03.09.2016, 19:52 Uhr].

4.4.2 Filmquellen

- Christiane F. – Wir Kinder vom Bahnhof Zoo. R.: Ulrich Edel. DE 1981, URN: https://www.youtube.com/watch?v=WdiED1SL0m0 [letzter Zugriff: 29.01.2017, 11:36 Uhr].

- Planet Schule (2017), *Kamera, Cut & Klappe*, URN: https://www.planet-schule.de/sf/php/sendungen.php?sendung=8545 [letzter Zugriff: 27.10.2016, 12:51 Uhr].

4.4.3 Bildquellen

- http://www.portalkunstgeschichte.de/getmedia.php/_media/201109/1316607276-orig.jpg?s=thumb [letzter Zugriff: 13.09.2016, 17:01 Uhr].

Abb. 1: Der Beginn der Handlung (Christiane F. – Wir Kinder vom Bahnhof Zoo. R.: Ulrich Edel. DE 1981. TC: 00:01:24)

Bild aus urheberrechtlichen Gründen entfernt

Abb. 2: Die Einstichstellen an Christianes Arm (Christiane F. – Wir Kinder vom Bahnhof Zoo. R.: Ulrich Edel. DE 1981. TC: 02:02:32).

Bild aus urheberrechtlichen Gründen entfernt

Abb. 3: Christiane setzt sich ihren ersten „Druck" (Christiane F. – Wir Kinder vom Bahnhof Zoo. R.: Ulrich Edel. DE 1981. TC: 01:03:02).

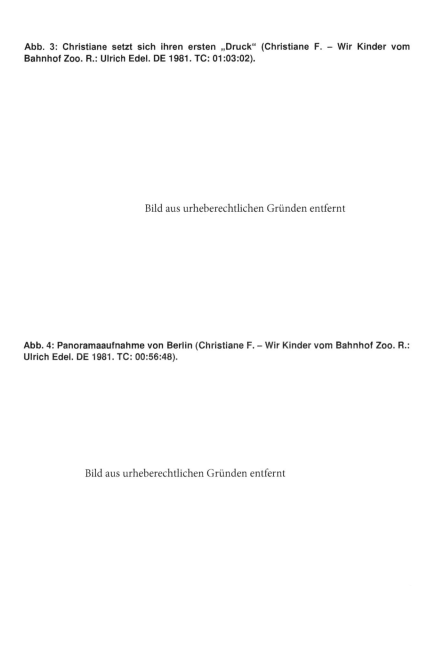

Bild aus urheberrechtlichen Gründen entfernt

Abb. 4: Panoramaaufnahme von Berlin (Christiane F. – Wir Kinder vom Bahnhof Zoo. R.: Ulrich Edel. DE 1981. TC: 00:56:48).

Bild aus urheberrechtlichen Gründen entfernt

Abb. 5: Landschaftsaufnahme der Schlussszene (Christiane F. – Wir Kinder vom Bahnhof Zoo. R.: Ulrich Edel. DE 1981. TC: 02:03:23).

Bild aus urheberrechtlichen Gründen entfernt

Abb. 6: David Bowie aus der Froschperspektive (Christiane F. – Wir Kinder vom Bahnhof Zoo. R.: Ulrich Edel. DE 1981. TC: 00:40:34).

Bild aus urheberrechtlichen Gründen entfernt

Abb. 7: Kameraschwenk auf Christiane in der Großaufnahme (Christiane F. – Wir Kinder vom Bahnhof Zoo. R.: Ulrich Edel. DE 1981. TC: 01:03:02).

Bild aus urheberrechtlichen Gründen entfernt

Abb. 8: Kamerafahrt (Christiane F. – Wir Kinder vom Bahnhof Zoo. R.: Ulrich Edel. DE 1981. TC: 00:03:09).

Bild aus urheberrechtlichen Gründen entfernt

4.5 Abkürzungsverzeichnis

AB	Arbeitsblatt (Arbeitsblätter)
Abb.	Abbildung
bspw.	Beispielsweise
bzw.	Beziehungsweise
ca.	circa
Diss.	Dissertation
Ebd.	Ebenda
et al.	et alii
f.	folgend
ff.	folgende
FSK	Freiwillige Selbstkontrolle der Filmwirtschaft GmbH
Hrsg.	Herausgeber
i. A.	im Allgemeinen
i. d. R.	in der Regel
Kap.	Kapitel
Kl.	Klasse
LKM	Länderkonferenz MedienBildung
Min.	Minute(n)
MS	Mittelschule(n)
o. Ä.	oder Ähnliche(s)
o. g.	oben genannte(n)
p.	page
Sek.	Sekundarstufe
s.	siehe
s. o.	siehe oben
sog.	so genannte(n)
SuS	Schülerinnen und Schüler
t. w.	teilweise
u. a.	unter anderem
Ustd.	Unterrichtsstunde(n)
v. a.	vor allem
Vgl.	Vergleich
WKVBZ	Wir Kinder vom Bahnhof Zoo